오스왈드 챔버스 하나님의 일꾼

Workmen of God : The cure of souls

Published by special arrangement with Discovery House Publishers,
3000 Kraft Avenue SE, Grand Rapids, Michigan 49512 USA.

2F, 71-1 Donggyo-ro. Mapogu, Seoul 04018, Korea

This Korean edition is published by arrangement with Discovery House Publishers
(3000 Kraft Avenue SE, Grand Rapids, Michigan 49512 USA.)

특별한 표기가 없는 모든 성경 구절은 개역개정성경을 인용한 것입니다.

오스왈드 챔버스 하나님의 일꾼

오스왈드 챔버스 지음 • 스데반 황 옮김

토기장이

서 문

오스왈드 챔버스의 또 다른 책이 나왔다! 나는 챔버스의 열정적인 독자들이 이 책의 깊고 힘차며 유익한 메시지들을 대하면서 챔버스를 원숙한 나이의 저자로 생각하지 않을까 싶다. 그렇다면 독자들이 착각하는 것이다. 사실 그의 책들은 10년간의 훌륭한 공사역의 결실로, 1907년부터 1917년까지 챔버스가 학생들과 회중에게 전한 설교와 강의들을 기록해놓은 것이다. 이 분주했던 기간 동안 그의 아내는 하나님께서 주신 지혜와 힘을 사용하여 속기를 하였다. 그 결과 챔버스의 입에서 나오는 귀한 보화들을 전부 모아놓을 수 있었다. 오스왈드 챔버스는 1차 세계대전 중 마흔세 살에 예상치 않은 맹장염에 걸려 갑자기 이집트에서 소천했지만, 그가 남긴 책들은 우리의 영성을 깊이있게 해주는 소중한 영적 비타민이 되었다.

다양한 영적 질병이 그 어느 때보다 난무하는 이 시기에 그의 책이 다시 출간되었다. 영적 분별력과 예리한 진단으로 가득한 이 책의 메시지들은, 오스왈드 챔버스가 클래펌 코먼의 성경훈련대학의 교장으로 있으면서 베터시 스페크 홀에서 전한 내용이다. 그 당시 그와 함께 일하며 그의 강의를 들었던 우리는 그의 강력한 도전의 말씀들을 결코 잊을 수 없다. 또한 그의 삶과 가르침을 통해 받은 감동과 축복은 말로 다할 수 없을 만큼 감사할 따름이다.

챔버스는 뛰어난 지성과 함께 고도로 훈련된 몸과 마음을 가지고 있었고 가르침의 은사가 뛰어났다. 그의 큰 능력은 주를 향하여 타오르는 헌신과 성령님께 대한 완전한 의지, 그리고 하나님의 계시인 성경에 대한 절대적인 신뢰에서 나온 것이었다.

나는 그의 메시지들이 더욱 많은 사람들에게 전달되기를 바란다. 그래서 사람들의 영혼을 구원하는 데 지혜롭게 사용되기를 바란다.

1937년 4월 윔블던 리지랜드 대학 메리 후커

Mary R. Hooker, 1881–1965: 리더 해리스의 장녀로 오스왈드 챔버스 부부와 절친한 사이였다. 1910년 성경훈련대학을 설립하는 데 큰 공헌을 했다. 기도동맹 회장을 역임했고, 아버지 리더 해리스의 자서전 「불가지론자들의 모험」을 썼다.

차 례

1장

영혼을 치유하는 방법

"다윗이 이르되 그 같은 것이 또 없나니 내게 주소서 하더라"삼상 21:9.

우리는 이 말씀의 배경을 잘 안다. 다윗은 골리앗의 칼에 대하여 말하면서, 그 칼을 "내게 주소서" 하고 요청한다. 신명기에서 모세는 이스라엘 백성들에게 다음과 같이 말한다.

"스스로 결단하기 어려운 일이 있거든 내게로 돌리라 내가 들으리라"신 1:17.

나는 구약의 위 두 구절로부터, 영혼 치유를 위한 하나님의 일꾼의 모형으로 다윗과 모세를 취하고자 한다.

성령의 검을 익숙하게 사용하라

히브리서 4장 12절은 칼에 대하여 이렇게 말한다. 나는 이 세상에 딱 하나 밖에 없는 골리앗의 칼을 하나님의 일꾼들의 손 안에 있는 영적인 검과 연결하고자 한다.

> "하나님의 말씀은 살아 있고 활력이 있어 좌우에 날선 어떤 검보다도 예리하여 혼과 영과 및 관절과 골수를 찔러 쪼개기까지 하며 또 마음의 생각과 뜻을 판단하나니."

그러나 분명한 것은, 당신이 '다윗'이 아닌 상태에서 골리앗의 칼을 사용하려고 한다면 적을 무찌르기보다 오히려 자신을 상하게 한다는 사실이다. 당신이 그 칼을 제대로 사용하려면 다윗의 뒤를 그대로 잇는 계승자가 되어야 한다.

다윗과 모세는 위대한 장수들이었다. 우리는 그들의 대를 잇는 가족이어야 한다. 이 시대에 사는 우리가 그들과 한가족이 될 수 있는 연결점은 무엇인가? 바로 성령으로 거듭나 주 예수님과 일치가 되어 완전 성결entire sanctification의 체험 가운데 들어가는 것이다. 주님과 일치가 된 자들이 하나님의 말씀을 사용할 때, 그들은 자신들과 다른 영혼들에게 해를 끼치지 않는다. 그들은 마귀의 나라에 큰 피해를 입히는 반면 사람들의 영혼에는 유익을 가져온다.

하나님의 일꾼이 다루는 분야는 사람의 영혼

우리가 다루어야 할 영혼들에 대한 내용을 살피기 전에 먼저 하나님의 일꾼부터 다루어보자. 하나님의 일꾼에게는 큰 어려움들이 있다. 그중 가장 큰 어려움은, 그가 사람의 몸을 다루지 않는다는 점이다. 사람의 신체를 다루려면 전문 의대나 의과 대학에서 배워야 한다. 그곳에서 훈련을 받아 의술을 터득하면, 사람의 신체적인 병들은 놀라울 정도로 유사하기 때문에 각 사람이 가진 저마다의 질병에 의학 원칙들을 적용할 수 있다. 의사가 어떤 병을 바르게 진단하여 조심스럽고 현명하게 처방할 경우, 그 질병이 완전히 치료된다. 그러면 그 처방은 비슷한 증세를 가진 다른 사람들에게 그대로 적용된다.

그러나 하나님의 일꾼이 신체의 병을 다루는 방식으로 사람의 영혼을 다루려고 하면 잘못된 길로 빠지게 된다. 사람의 영혼은 신체처럼 다룰 수 있는 것이 아니기 때문이다. 하나님의 일꾼들에게 어려운 점은, 영혼의 질병과 문제를 어떤 일관된 원칙을 가지고 다룰 수 없다는 사실이다. 나는 하나님을 위해 일해온 사람들 중 일부는 이 사실을 잘 알고 있다고 생각한다. 즉, 거듭남을 구하는 사람들에게 어떤 성경 구절을 적용하고 거룩을 구하는 사람들에게 또 다른 성경 구절을 적용하는 식으로 사역할 때, 우리는 성령이 당장 우리를 떠나시고 우리 손에 들린 그 성경 구절들을 더 이상 사용하지 않으신다는 사실을 발견하게 된다. 따라서 영혼 치유에 아무런 역사도 나타나지 않는다. 우리가 영혼을 다루는 데 어떤 손쉬운 방법에 물들어 버리면, 하나님은 그 즉시 우리를 떠나 홀로 내버려 두신다.

하나님의 일꾼이 기억할 세 가지 요소

내가 하나님의 일꾼에게 제일 먼저 강조하고 싶은 것이 있다. 물론 참으로 성령으로 거듭나 온전히 거룩하게 된 사람을 전제로 한다. 첫째, 하나님의 일꾼은 찾아오는 '한 영혼'을 대할 때마다 무엇을 말할 것인지에 대해 성령의 인도하심을 철저하게 의지해야 한다. 당신의 기억이나 과거의 경험을 의지해서는 안 된다. 오직 성령을 인정하고 의지하는 가운데 성령께서 그 상황에 맞는 특별한 성경 말씀을 당신의 머릿속에 가져오시도록 해야 한다. 이때 당신은 하나님께서 당신의 손쉬운 방법을 흔들어놓는 식으로 역사하심을 재삼 발견하게 된다.

하나님은 당신의 시스템과 전혀 다르게 역사하신다. 예를 들어, 당신의 시스템에서 거듭남에만 사용해야 할 본문을 거룩에 적용하시고, 거룩에만 사용해야 할 구절을 다른 곳에 적용하신다. 만일 당신이 성령의 인도하심과 그분이 당신의 머릿속에 상기시키시는 하나님의 말씀에 혼신을 다해 주의하고 조심하지 않으면 하나님의 일을 하면서 계속 실수하게 된다. 그러므로 기억하라! 하나님과 올바른 관계에 있는 일꾼들은 각 영혼을 대하면서 반드시 성령의 인도하심을 의지해야 한다.

이제부터 나는 모세의 언급을 적용하고 싶다.

> "스스로 결단하기 어려운 일이 있거든 내게로 돌리라 내가 들으리라"신 1:17.

당신은 당신이 다루어야 할 영혼들의 문제를 어떻게 하나님께 가져가는가? 우리는 영혼을 대하는 일에 대해 서로 많은 토론을 하고 기독교 전문 사역자들의 조언을 구한다. 그러나 의학 분야에 돌팔이 의사가 있듯이, 영적인 세계에도 돌팔이 일꾼이 있다. 당신이 한 영혼을 대할 때마다 하나님의 말씀을 떠오르게 하고 그 상황에 적용하도록 하시는 가장 실제적인 분은 성령님이시다. 영혼을 대할 때 가장 중요한 요소는 성령님을 철저히 의지하는 것이다. 이렇게 가르치지 않는 모든 교훈을 경계하라.

둘째, 하나님의 일꾼은 반드시 그가 다루어야 하는 문제의 현실 속에서 살아야 한다. 사역자 훈련에서 우리가 아는 한 최고의 부류인 목회자를 생각해보자. 영혼을 치유해야 할 목회자를 양성하는 대부분의 신학 대학이 지닌 큰 어려움 중 하나는, 목회자 후보생들에게 영혼을 어떻게 다루어야 하는지를 전혀 가르치지 못하고 있다는 점이다. 신학 대학 가운데 영혼을 다루는 훈련 과정을 가진 대학은 거의 없다. 이러한 현실에 대해서는 목회자들이 직접 내 말을 입증해줄 것이다. 그들은 전부 스스로의 체험을 통해 영혼을 다루는 일을 배운다. 신학 대학에서 다른 훈련은 다 받지만 정작 그들이 만나는 영혼들을 어떻게 대해야 하는지에 대해서는 전혀 훈련을 받지 못하는 실정이다.

하나님의 일꾼이 대하는 세계는 두 종류가 있다. 인간사와 성경의 세계이다. 일단 일꾼은 사람들 가운데 들어가서 배워야 한다. 즉, 사람들을 이론으로 대하는 것이 아니라 반드시 그들과 함께 거하며 그들을 접해야 한다. 만일 그들 가운데서 하나님의 말씀을 효과적으로 사용할 줄 알고 성령께서 당신을 통해 그 말씀을 적용하신다면, 반드시 사람들과의 접촉이 끊어지지 않도록 하라. 그러면 당신은 그들 가운데 부끄러울 것이 없는 일꾼이 될 것이다.

인간사 가운데 살라. 하나님께서 당신의 안일함을 계속 흔들어 놓으실 것이다. 만일 당신이 하나님의 일꾼이라면, 하나님께서는 계속 당신 주변에 온갖 사람들을 붙여주시고 다양한 어려움들을 겪게 하실 것이다. 하나님은 끊임없이 그러한 사람들과 사건들 속에서 당신을 배우게 하실 것이다. 하나님은 당신으로 하여금 복잡한 여러 인간적 문제들을 접하게 하실 텐데, 사실 그 문제들은 다른 사역자들도 똑같이 겪는 것들이다. 따라서 이런 일로부터 회피하지 말라. 사람들로부터 떨어져 격리된 삶을 살려는 경향을 경계하라. 사람들과 함께하라. 예수님께서는 이렇게 기도하셨다.

“내가 비옵는 것은 그들을 세상에서 데려가시기를 위함이 아니요 다만 악에 빠지지 않게 보전하시기를 위함이니이다”요 17:15.

셋째, 하나님의 일꾼은 인간사 외에 접해야 하는 또 다른 세계인 성경의 세계와 깊이 만나야 한다. 우리는 사람들 가운데 거하면서 배워야 하지만, 동시에 성경의 사실들 가운데서 스스로 배울 수 있어야 한다. 하나님의 책인 성경이 놀라운 이유는 (나는 하나님의 은혜로 이 사실을 밝히고 싶다.) 그 안에는 우리가 마주치는 모든 부류의 사람들에게 어떻게 하나님의 진리를 적용할 수 있는지에 대한 뚜렷하고 분명한 지침이 있기 때문이다. 어리석은 사람, 완고한 사람, 정신적으로 병든 사람, 죄책감에 사로잡힌 사람, 마음이 삐뚤어진 사람, 정욕적인 사람 등 당신이 매일 만나는 사람과 상황에 해당하는 진리가 성경 속에 모두 담겨 있다. 하나님은 당신이 겪는 모든 생활에 적용할 수 있는 주의 말씀과 계시 사건을 성경을 통해 허락하신다.

나는 위의 세 가지를 한 번 더 강조하고 싶다. 첫째, 하나님의 일꾼은 하나님과 바른 관계를 맺고 있어야 하고 다른 영혼을 대할 때 매 순간 성령을 의지해야 한다. 둘째, 하나님의 일꾼은 이론 가운데 사는 것이 아니라 인간사 속에서 살아야 한다. 사람들이 어떠하다는 선입견을 버리고 직접 그들이 어떠한지 발견하라. 이 세상에서 큰 실수 가운데 하나는 어떤 사람에 대한 선입견을 갖는 것이다. 우리가 그 사람에 대해 별로 아는 바가 없는 경우에도 그렇다. 당신 주변의 온갖 사람들을 어떻게 대해야 하는지를 가르칠 수 있는 유일한 분은 성령이시다. 셋째, 당신이 아는 가장 실질적인 방법으로 이 오랜 성경책을 샅샅이 연구하라. 성경 사전을 사용하거나 시편을 필사하면서, 성경의 전문가가 되기 위해 모든 실질적인 방법을 총동원하라.

소위 '하나님의 인도하심을 받는 방법'은 일반적으로 비웃음을 당하고 있지만, 나는 그 방법을 비웃는 데 매우 조심스럽다. 예를 들어, 다음의 방법은 사람들의 조롱을 받기 십상이다.

"주님, 제가 눈을 감고 성경을 편 후 제 손가락으로 어느 곳을 짚을 때, 그 구절이 저를 인도하는 주의 말씀이 되게 하소서."

물론 이런 방법은 사람들에게 조롱 받기 쉽다. 그러나 하나님께서 그러한 방법으로는 절대 사람들을 인도하실 리 없다고 단정하는 것도 우습다. 사실 하나님은 그렇게도 역사하실 수 있다. 내가 이 말을 하는 이유는 하나님의 인도하심을 받는 특정 이론들을 산산이 부수기 위함이다. 당신은 하나님을 어떤 특정 이론에 묶어둘 수 없다. 당신은 하나님께서 사람들이 택하기에는 매우 특이한 방법을 사용하신다는 사실을 발견할 것이다. 다른 사람들의 고정된 방법을 취하지 말라. 그 대신 하나님께서 당신을 어떻게 다루시는지, 그리고 당신을 통해 어떤 실제적인 방법으로 다른 사람들을 대하시는지 알아가라.

이 세 가지를 마음에 두라. 성령님을 의지하는 것, 사람들과의 접촉을 유지하는 것, 그리고 무엇보다 하나님의 책 안에 있는 계시 사실들을 계속 접하는 것! 이를 명심하면서 어떻게 삶 속에 적용할 수 있는지 하나님께 구하라.

영적인 문제가 있는 영혼들의 자기 변명을 믿지 말라

한 가지 추가로 당부한다. 사람들이 자신들에 대하여 말하는 것을 절대로 믿지 말라. 자신의 증세에 대해 제대로 말할 수 있는 사람은 극소수이다. 특히 자신들이 서 있는 영적인 위치를 당신에게 말할 수 있는 사람들을 주의하라. 사람들이 당신에게 들려주는 말에 휘둘리지 말라는 뜻이다. 언제나 성령님을 의지하는 가운데 사람들을 진단하라.

한 병원 치료에 관한 내용을 소개하겠다.

> 법정의 최근 증거 자료는 의학계에서 중요하게 여기는 사실 하나를 지적하였다. 그것은 의사에게는 환자와의 개인 면담이 매우 필요할 뿐 아니라 환자의 실제 상태와 증세를 알아낼 수 있는 예리한 통찰력이 필요하다는 것이다. 성공적인 진단은 교차 심사 과정에서 나타나는 의사의 예리한 통찰력에 달려 있다. 한 저명한 의사는 환자에 대한 교차 심사가 거의 항상 필요하다고 말한다.
>
> "환자들은 나에게 증세보다 원인을, 그들의 생각에 원인이라고 여

겨지는 것을 말하고 싶어합니다. 이 점에서는 부유한 환자들이 가난한 환자들보다 더 까다롭지요. 이들은 일반적인 의료 지식을 기초로 스스로 질병을 치료할 대안들을 펼쳐갈 수 있을 만큼 여유가 있기 때문입니다."

환자들은 언제나 상대적으로 말하기보다 절대적으로 말함으로써 사실들을 왜곡한다. 그들은 결코 자신의 수면 시간이나 식욕에 대해 사실대로 말하지 않는다. 그들은 종종 아무것도 먹지 않았다고 말한다. 하지만 알고 보면 적어도 아침 식사로 계란 두 개를 먹은 사실이 드러난다. 몇 분 뒤에는 저녁 식사 때 쇠고기 조림을 먹은 사실을 기억해 내기도 한다. 아마도 교차 심사를 해야 하는 가장 큰 이유는, 이 과정에서 의사가 환자를 객관적으로 진찰할 수 있는 기회가 많아지기 때문일 것이다. 가장 중요한 증세는 일반적으로 환자가 전혀 주목하지 못하는 것이다.

사람의 몸을 다루는 의학계에서 위의 내용이 사실이라면, 영혼을 다루는 영적 상황에서는 수천 배나 더 적용될 수 있는 내용이다. 곤경에 처한 사람의 말에 지나친 관심을 갖지 않도록 주의하고, 하나님께서 당신에게 무엇을 말씀하시는지에 마음과 정신을 집중하라. 또한 성령께서 그 영혼에 해당하는 말씀을 당신에게 기억나게 하실 때, 그 말씀을 놓치지 않도록 올바른 자리에 서서 준비하라.

말씀을 기계적으로 적용하지 말라

우리는 하나님의 말씀을 올바르게 혹은 잘못 사용할 수 있다. 그릇된 사용은 다음과 같은 경우이다. 어떤 사람이 당신을 찾아오면, 당신은 그 사람이 어떤 부류의 사람인지를 알아내려고 마음속으로 궁리한다. 그 다음 당신은 그 사람과 기도하거나 대화를 나누면서 한 성경 구절을 택해 그에게 전한다. 그러나 이런 식으로 하나님의 말씀을 적용하는 것은 당신의 영혼뿐 아니라 당신이 대하는 모든 사람들의 영혼을 망칠 수 있다. 그러한 방법 안에는 성령이 계시지 않는다. 예수님은 "내가 너희에게 이른 말은 영이요 생명이라"요 6:63고 말씀하셨다.

성경은 "그가 또한 우리를 새 언약의 일꾼 되기에 만족하게 하셨으니 율법 조문으로 하지 아니하고 오직 영으로 함이니 율법 조문은 죽이는 것이요 영은 살리는 것이니라"고후 3:6고 말한다. 성령의 지시를 계속 받을 수 있도록, 당신의 영혼이 더럽혀지지 않도록 주의하라.

나에게는 매우 어리둥절한 경험이 있다. 아마 당신도 나와 같은 체험이 있을 것이다. 어느 날 사람들의 손을 이끌어 당장이라도 그들을 하나님 나라로 인도할 것 같은, 한 치의 오차가 없는 분명한 성경적인 가르침을 듣는다. 그런데 정작 그 사람들은 도무지 주께 나아오지 않는다. 반면 어떤 때는 누군가가 일어서서 횡설수설하는데 희한하게 사람들이 거듭난다. 이런 일은 내가 뉴욕에서 워터스트리트 사역Water Street Mission을 할 때 자주 발생했다. 기적적으로 구원을 받은 어떤 사람이 일어나 자신의 과거와 지금의 변화에 대해 간증했다. 그러자 다른 사람들도 똑같이 일어서서 그 사람처럼 변화받은 간증을 나누었다. 어느새 내가 상황 파악을 하기도 전에 성령이 그 자리의 사람들을 사로잡으시자, 그들은 제단 앞으로 나아갔다. 그 후 이 거친 남자들은 간증한 사람들과 함께 무릎을 꿇고 기도했다. 거기에서 그들이 부르짖으면서 "무엇인가를 쳤다." 그러자 무엇인가가 "그들을 쳤다." 그 후 그들은 기적적으로 거듭나게 되었다.

우리는 이러한 사건을 주목해야 한다. 당신은 하나님을 정해진 방법에 가둘 수 없다. 길거리의 거친 영혼들의 모습은 하나님께서 어떤 일을 하셨는지를 보여주는 실제적이고도 멋진 살아 있는 표본이다. 성령은 횡설수설하는 그들을 통해 역사하셨다. 이 사건을 말하는 이유는, 이 사건이 기독교 사역에 대한 사고방식을 크게 뒤흔들어 놓기 때문이다. 우리는 하나님께서 논리 정연하게 말하지 못하는 가난하고 무지한 사람을 영혼 구원 사역에 능력 있게 사용하시는 반면, 모든 것을 분명히 이해하고 구원의 길을 또렷하게 제시하는 사람을 통해서는 아무런 역사도 나타나지 않는 것을 계속해서 목도하게 될 것이다. 따라서 우리가 할 수 있는 최선은, 하나님의 책에 제시되어 있는 하나님의 일꾼을 위한 핵심 방법들을 붙드는 것이다. 한번 자신에게 물어보라.

"나는 하나님의 구원이 무엇인지 체험적으로 아는가? 완전 성결이 무엇을 의미하는지 체험을 통해 아는가?"

하나님의 일꾼은 스스로 먼저 건강하고 힘 있는 영적 상태에 있어야 한다.

영혼의 문제를 다루는 일은 영적으로 성숙한 사람만 해야 한다

나는 주일학교 교사 선발에 대해 한마디 비판하고 싶다. 선발 방법을 보면, 아무나 지원을 하면 주일학교 한 반을 맡아서 가르치게 한다. 그러나 하나님의 방법을 보면 전혀 다름을 발견할 수 있다. 한 영혼이 하나님 나라에 들어오는 즉시 가장 먼저 해야 하는 일은, 바로 하나님의 방법 안에서 강해질 때까지 그 영혼이 받은 새 생명을 따라 순종하면서 빛 가운데 거하는 것이다. 왜 이것이 필요한가? 사람의 영혼을 다루는 일은 몸을 다루는 일보다 훨씬 더 위험하기 때문이다.

하나님과 건강하고 활기찬 관계 안에 거하지 않으면, 당신은 다른 영혼을 치유하기보다 오히려 그 영혼의 질병에 전염될 것이다. 성경 안의 하나님의 엄청난 계시 사건들 가운데 철저히 거하라. 성경을 완벽하게 알아 익숙하게 다룰 수 있도록 자신을 훈련하라. 하나님 나라에 오르내리고 하나님의 동산의 공기를 마시면서 성경의 사실들 속에 계속 거하며 영적으로 강건해지라. 그렇지 않으면, 당신은 오히려 당신이 대하는 그 영혼의 질병에 전염될 것이다.

영적으로 봉사하기 위해서는 먼저 영적 성장이 있어야 한다

그러므로 기억하라. 우리는 반드시 '레바논의 백향목'처럼 될 필요가 있다. 레바논의 백향목의 특징을 아는가? 백향목은 생명력이 매우 강해서 기생충에게 영양을 주기보다 오히려 그것을 죽인다. 그 속의 생명이 매우 왕성하고 튼튼하기 때문에 기생충에게 자양분을 공급하는 대신에 그것을 질식시키는 것이다. 하나님은 우리가 주의 생명으로 충만하여 레바논의 백향목처럼 번성하기를 원하신다. 그래서 형제자매들의 영혼들 가운데 가장 어둡고 힘든 곳에 우리를 믿고 두시면서, 우리를 통해 주의 엄청난 힘과 능력이 쏟아부어지기를 원하신다.

하나님을 위해 고귀한 사역을 시작한 남녀 일꾼들이 점차 쇠퇴해 가는 모습을 볼 때 얼마나 안타까운지! 왜 그러한가? 그들은 자신이 대해온 사람들 가운데 거하는 죽음의 병에 전염된 것이다. 의사들 가운데 정신병자를 대하는 의사들은 계속 자리를 옮겨야 한다. 왜 그러한가? 그들이 다루던 환자의 질병과 문제에 자신들도 사로잡힐 수 있기 때문이다. 성령 하나님은 주의 일꾼들을 옮기는 놀라운 능력을 가지고 계신다. 어떤 일꾼들은 왜 하나님이 그들을 계속 옮기시는지, 왜 하나님께서 그들의 환경을 바꾸어 놓으시는지 의아해 한다. 하나님께서 그렇게 하시는 이유는, 그들이 사역의 큰 그림을 볼 수 있도록 하실 뿐 아니라 그들의 영혼을 살리기 위해서이다.

그러므로 기억하라. 하나님의 일꾼은 건강해야 한다. 특히 다음과 같은 실수를 하지 않도록 주의하라. 즉, 사람들 사이에서 하나님을 위해 일하면 자신의 거듭난 새 생명이 저절로 건강해질 것이라고 착각하지 말라. 그렇지 않다. 당신의 새 생명이 '먼저' 건강해야 그 생명을 성장시킬 수 있다. 이 점은 매우 중요하기 때문에 반복해서 말하겠다. 먼저 당신의 새 생명이 건강하지 않으면 당신은 일하는 과정에서 그 생명을 건강하게 유지할 수 없다. 종종 하나님을 위해 일하면 자신의 새 생명이 저절로 건강해질 것이라는 조언을 받는데, 이는 우리가 하나님을 위해 일하면 마음이 평안해질 것이라는 의미이다. 그러나 실제로 자신의 생명은 발전하지 않는다. 기독교 생명의 건강을 위해 우리가 가장 먼저 해야 할 일은, 사역이 아니라 하나님과 바른 관계를 유지하는 것이다.

다음 기회에 회개하는 영혼을 다룰 때 이 점을 기억하라. 상대방에게 성령을 받고 인정하고 의지하라고 이야기하는 것과 자신이 성령을 받고 인정하고 의지하는 것은 전혀 별개이다. 자신이 먼저 성령을 받고 인정하고 의지하는 가운데 때마다 성령께서 적용할 말씀을 기억나게 해주시기를 기대하지 않으면, 당신이 유능한 영혼 치료자로, 또한 사람들을 하나님과의 바른 관계로 돌아오게 하는 일꾼으로 쓰임 받을 가능성은 거의 없다.

인간사 속에서 살라. 하나님께서 우리 주변에 실제로 문제가 있는 사람들을 두셨다는 사실로 인해 주께 감사하라. 그들과 관련한 일들은 허상이 아니다. 우리가 접하며 함께 사는 사람들은 이론들이 아니라 실체들이다. 하나님께서는 우리가 언제나 사람들 사이에 머물기를 원하신다.

마지막으로, 성경을 항상 가까이할 것을 유념하라. 나는 남녀 일꾼들이 성경책을 붙들고 일어나서 성경의 진리 속에 사는 것을 몹시 보고 싶다. 당신이 그렇게 살 때, 성령께서 때마다 진리를 어떻게 적용해야 할지를 당신에게 기억나게 해주실 것이다.

2장

비정상적인 영혼을 대할 때

"인자가 온 것은 잃어버린 자를 찾아 구원하려 함이니라"눅 19:10.

'비정상'은 어떤 기준에 비추어볼 때 정상이 아닌 것, 바르지 못한 것, 좋지 못한 것을 의미한다. 하나님의 책에서는 인류가 모두 비정상이라고 말한다.

1장에서 우리는 하나님의 일꾼을 다루었다. 우리가 살펴보았듯이, 무엇보다 하나님의 일꾼은 자신의 삶 가운데서 하나님의 놀라운 구원에 대한 분명한 체험이 있어야 한다. 그 후 영혼을 대하는 일에서 성령을 인정하고 의지하는 법을 배워야 한다. 일꾼은 성경의 진리 속에 거하면서 인간사를 계속 접해야 한다. 이제 하나님의 책의 계시에 따라 인간들의 삶의 몇 가지 실상들을 다루려고 한다.

'잃어버린 자'에 대한 성경적 관점

성경의 관점에서 '잃어버린 자'는 멸망이 확정된 자가 아니다. 이 관점은 매우 중요하다. '잃어버린 자'는 예수 그리스도께서 찾고 계시는 대상이다. 한편 멸망하게 될 자는 그들을 찾아 구원하시려는 구세주를 반역하는 자이다. 예수 그리스도께는 모든 사람들이 다 잃어버린 자들이다. 영혼의 치유를 위해 일하려는 하나님의 일꾼은 주님과 동일한 관점을 가져야 한다. 우리는 이 점을 명심해야 한다. 오늘날 일꾼들 중 주 예수 그리스도와 같은 관점을 취하지 않는 사람들이 많기 때문이다. 우리는 누가복음 19장 10절에서 '잃어버린 자'의 표본을 발견한다.

이 말씀이 주어지는 상황을 주목해보라. 세리장이었던 삭개오는 분명히 불법으로 취한 소유가 많았을 것이다. 그는 부와 지위를 가졌지만 매우 불명예스러운 인물이었다. 그럼에도 그는 자신의 불명예에 완벽히 만족하고 있었다. 전혀 껄끄러움을 느끼지 못했다. 하나님을 향한 그의 모든 속성은 얼어붙어 있었고 그에게서 생명의 흔적은 전혀 발견할 수 없었다. 북극에서는 온도계가 얼기 때문에 아무것도 측정할 수 없다. 온도가 변할 때까지 온도계가 언 채로 있다. 그러나 온도가 높아지면 온도계가 작동한다. 삭개오는 하나님을 향해 얼어붙어 있었고, 그의 양심은 아무런 가책을 느끼지 못하고 있었다. 만족한 가운데 행복을 느끼는 그는 매우 호기심 많은 '잃어버린 자'였다. 그런데 예수 그리스도께서 그를 찾아오셨을 때 그의 속성이 녹았다. 무엇인가 당장 역사하기 시작했다.

얼어붙은 자에게 예수 그리스도를 만나게 하라

하나님의 일꾼이 반드시 배워야 하는 최우선의 일은 하나님을 향해 죽어 있고 전혀 양심의 가책을 느끼지 않는, 그러한 얼어붙은 영혼들을 주 예수 그리스도와 만나게 하는 일이다. 그렇다면 허물과 죄 가운데 죽어 있으면서도 그 사실조차 모르는 생명을 어떻게 주 예수 그리스도와 만나게 할 수 있을까? 오직 성령과 개인적 체험 밖에 없다.

개인적 체험이란 이미 앞에서 강조한 것처럼 예수 그리스도를 통해 하나님이 내 영혼 안에 어떤 일을 하셨는지를 개인적으로 아는 것이다. 또한 어떤 부류의 사람이든 각자 처한 상황이 어떠하든 성령께서는 예수 그리스도를 제시하시기 때문에, 당신은 성령을 의지하는 법을 알고 있어야 한다. 대부분의 사람들은 삭개오와 같은 사람을 만나면 그를 향해 그저 '이기적이고 야비하며 냉담한 사람'이라고 말한다. 죄책감이 없는 사람을 대하는 것은 아무런 소용이 없다고 생각한다. 만일 우리가 '삭개오' 같은 사람이 예수 그리스도와 가까워지도록 하는 방법을 모른다면, 우리도 일반 사람들과 같은 자세를 취하게 될 것이다. 예수 그리스도께서 이 땅에 계시면서 사람들을 만나실 때마다, 사람들은 자신들의 위치를 알게 되었다. 그러면 그들은 주님을 따르거나 대적하는 길을 택하였다. 극한 슬픔 가운데 주님을 떠나든지 아니면 온 마음을 다해 주님을 따랐다.

성경에 나타난 예수 그리스도를 대하면서, 우리는 그분이 '잃어버린 자들'인 인류 전체(좋은 사람, 나쁜 사람, 냉담한 사람 등) 그 누구나 구원하실 수 있음을 무한하게 확신해야 한다. 이 점은 대단히 중요하다. 당신이 아는 사람 중 완전히 얼어붙은 어떤 사람을 떠올려보라. 그는 아무런 죄책감을 느끼지 못한 채 계속 불명예스러운 삶을 살고 있고, 사람들이 자신을 부끄럽게 여긴다는 사실도 안다. 비정상적이고 별난 삶을 살지만 전혀 주변의 시선에 개의치 않는다. 누가 그의 잘못을 말해주어도 전혀 반응이 없다. 이런 사람에게 당신은 주 예수 그리스도의 분위기를 만들어낼 줄 알아야 한다. 당신이 그렇게 하면 그 즉시 뭔가 발생한다. 삭개오에게 발생한 일을 보라.

> "삭개오가 서서 주께 여짜오되 주여 보시옵소서 내 소유의 절반을 가난한 자들에게 주겠사오며 만일 누구의 것을 속여 빼앗은 일이 있으면 네 갑절이나 갚겠나이다"눅 19:8.

누가 이렇게 하라고 이야기해 준 적이 있는가? 아무도 없다. 예수님조차 그의 악한 행위들에 대해 한마디의 말씀도 하지 않으셨다. 그러면 무엇이 삭개오를 깨닫게 했는가? 무엇 때문에 갑자기 자기의 위치를 알게 되었는가? 그것은 예수님의 임재 때문이었다.

만일 성령께서 하나님의 일꾼들을 통해 역사하신다면, 그들이 가는 곳마다 동일한 일이 발생할 것이다. 만일 당신이 하나님과의 인격적인 체험 가운데 주님과 바른 관계에 있다면(전문 용어로, 구원 받고 거룩하게 된다면), 그리고 성령이 당신을 통해 일하신다면, 당신이 사람들을 만나게 될 때 그들은 자신들이 어디에서부터 잘못되었는지 알게 될 것이다. 물론 자신들의 잘못을 깨닫기 전까지 그들은 당신이 그들을 비난한다고 말할 것이다. 그러나 분명히 당신은 그들을 비난한 적이 없다. 그러면 어떤 일이 발생한 것인가? 당신을 통한 성령의 임재가 예수 그리스도께서 나타나실 때와 동일한 분위기를 그들에게 가져왔기 때문에 그들의 마음과 양심에 얼어붙은 얼음이 녹게 되면서 그들이 죄책감을 느끼기 시작한 것이다.

다시 한 번 강조하지만, 하나님의 일꾼은 상대방이 어떤 부류의 사람이든 어떤 상태에 놓인 사람이든, 그를 예수 그리스도께 연결시키는 법을 알아야 한다. 이 일을 이룰 수 있는 유일한 방법은 성령을 의지하는 것과 개인의 영적 체험 밖에 없다. 만약 당신이 하나님을 위한 일을 하려고 하지만 아직 자신의 분명한 체험이 없거나 성령을 의지하는 법을 모른다면, 하나님께서 먼저 그것들을 알 수 있는 곳으로 당신을 인도하시기를 기도하라. 그 후에야 어디를 가든지 당신이 만드는 분위기 때문에 주변 사람들의 얼어붙은 양심과 마음이 녹게 될 것이다.

사람의 마음은 언제나 예수 그리스도가 옳다는 사실을 인정하게 되어 있다. 왜 그러한가? 예수 그리스도는 '성육하신 이성'Incarnate Reason이기 때문이다. 사람의 상태가 어떠하든 상관없이 예수 그리스도 안에는 모든 사람들의 마음을 끄는 뭔가가 있다. 어떤 사람이 죽은 것 같고 냉담한 것 같으며 선이라고는 전혀 없어 보여도, 일단 그 사람이 예수 그리스도를 소개 받고 성령에 의해 예수 그리스도와 접하게 되면 즉시 예수님에 대해 뭔가를 깨닫는다. 이 사실은 우리가 성령을 알지 못하고는 절대 이해할 수 없다.

예수 그리스도는 언제나 사람의 양심에 호소한다. 왜 그러한가? 그분은 '성육하신 의'Incarnate Righteousness이기 때문이다. 수많은 사람들이 예수 그리스도에 대해 무엇인가를 설명하고자 한다. 그러나 하나님의 일꾼들은 그렇게 할 필요가 전혀 없다. 당신은 예수 그리스도에 대해 설명할 수 없다. 성령을 의지하라. 그러면 성령께서 그 영혼에게 예수님을 설명하실 것이다. 나는 당신이 하나님의 일을 할 때 이러한 예수 그리스도의 능력을 무한하게 신뢰할 것을 간곡히 당부한다.

만일 주 예수 그리스도께서 당신과 대화를 나누는 상대방을 변화시키고 구원하실 수 있다는 사실을 진심으로 믿고 있지 않다면, 당신은 그 생명을 향해 역사하실 수 있는 예수 그리스도를 제한하는 것이다. 물론 당신은 "네, 그래요. 예수 그리스도는 당신을 구원할 수 있으십니다. 그분은 모든 것을 변화시킬 수 있고 당신 안에 주의 새 생명을 넣어 당신을 새사람으로 만들 수 있으십니다"라고 말할 수 있다. 그러나 그리스도께서 그 일을 하실 수 있다는 사실을 실제로 믿지 않는다면, 당신은 그 생명 안에서 역사하시는 하나님의 능력을 제한하는 것이다. 이러할 경우 하나님은 그 책임을 당신에게 물으실 것이다. 그러므로 하나님의 일꾼이 가장 먼저 할 일은 예수님을 믿는 마음을 항상 유지하는 것이다.

당신의 가족이나 직장 동료, 그리고 친구들 중 당신이 계속 접하는 얼어붙은 영혼이 있는가? 당신은 그와 대화를 나누어왔고 그와 함께 기도했으며 당신이 아는 모든 방법들을 전부 동원했지만 그는 조그마한 죄책감도, 마음이나 양심의 불편함도 느끼지 않는다. 그는 잘 알려진 죄수는 아니지만 당신 주변의 죄인이다. 당신은 그가 잘못되었고 어그러져 깨끗하지 못한 것들을 가지고 있음을 안다. 그러나 당신은 그로 하여금 그 사실들을 깨닫도록 만들지 못한다. 그는 당신을 만난 후에도 아무런 변화 없이 얼어붙은 상태로 다시 당신 주변을 떠나간다. 이처럼 당신을 통해 주변 사람들에게 아무런 변화가 나타나지 않는다면, 먼저 자신부터 예수 그리스도를 일대일로 대면해보라.

"주님, 제가 정말 주께서 사람들의 얼어붙은 마음을 녹이셔서 성령께서 그들을 구원하실 수 있도록 하신다는 사실을 실제로 믿고 있는 것입니까?"

예수 그리스도께 대한 믿음 상태를 점검하는 것이 당신이 극복해야 할 첫째 난관이다. 그 후 자신에게 다음 질문을 해보라.

"나는 주 예수 그리스도께서 비뚤어지고 자만심에 가득 차며 이기적이고 정욕적이며 철저히 잘못되고 정도에서 벗어난 저런 영혼을 취하셔서 하나님 보시기에 완벽하게 만드실 수 있다고 참으로 믿는가?"

오, 주 예수 그리스도의 능력을 철저하게 신뢰하도록 하자. 다시 성령을 의지하고, 예수께서는 잃어버린 자를 찾으러 오셨다는 사실을 기억하자.

주님께서는 누가복음 15장에서 잃은 물건을 찾은 주인의 기쁨에 대해 말씀하신다. 이 말씀을 보면서, 나는 언제나 이런 질문을 한다.

"주님은 내 눈을 통해 보고 싶어하시는데, 나는 주께서 그렇게 하시도록 허락하는가? 주님은 내 머리를 통해 생각하기를 원하시는데, 나는 주께서 그렇게 하시도록 허락하는가? 주님은 내 손을 통해 일하고 싶어하시는데, 나는 주께서 그렇게 하시도록 허락하는가? 주님은 내 몸 안에 사시면서 한 가지 목적 곧 주님 보시기에 잃어버린 자들을 찾고자 애쓰시는데, 나는 주께서 내 안에 사시면서 그렇게 하시도록 해드리는가?"

하나님의 일꾼은 예수 그리스도께서 자기를 사용하실 수 있는 권한이 있음을 알아야 한다. 오늘날 많은 영혼들이 자기 실현을 위해 일하고 있다. 몸과 마음을 수련하고 여러 노력을 하지만 그 목적은 무엇일까? 자기 실현을 이루기 원해서이다. 그러나 예수 그리스도는 이 몸을 원하시고 사용하셔서 길을 잃은 사람들을 찾고 싶어하신다.

이것이 이 세상에서 영혼 치유를 위해 애쓰는 일꾼에게 가장 필수적인 일임을 기억하라.

당신은 성령을 의지해야 하고 인간사와 성경의 진리 가운데 살아야 한다. 당신은 그리스도의 일꾼으로서 '인류는 모두 잃어버린 자들'이라는 예수 그리스도의 선고를 받아들였는가? 또한 예수 그리스도를 무한하게 신뢰하고 있는가? 당신은 누구든지 그리스도와 접하기만 하면 그리스도께서 그를 완전하게 구원하실 수 있다는 사실을 절대적으로 확신하는가?

꾸준히 예수 그리스도를 만나라

나는 하나님의 일꾼들, 특히 주일학교 교사들과 복음 선포자들에게 한마디 당부하고 싶다. 당신의 마음속에 예수 그리스도 외에 다른 것을 최우선으로 두려는 덫을 주의하라. 만약 사람들의 필요를 가장 중요하게 여긴다면, 하나님의 능력이 당신을 통해 나타날 수 없다. 꾸준히 예수 그리스도를 만나라. 다른 어떤 것도, 사역이나 사람도, 당신과 그리스도 사이에 끼지 못하게 하라.

무슨 목적을 위해 이렇게 해야 하는가? 성령께서 설교하는 당신을 통해 주변 사람들의 필요를 따라 그들에게 흘러가셔야 하기 때문이다. 당신은 이런 종류의 설교와 사람을 공감하는 데서 나오는 설교가 항상 그들에게 다르게 역사한다는 사실을 발견할 것이다. 우리 모두를 전부 이해하시는 유일한 분은 성령이시다. 성령은 또한 주 예수 그리스도를 이해하신다.

만일 당신의 마음 문을 성령께 활짝 열어놓고 그분으로부터 메시지를 취하면서 아무것도 성령을 방해하지 못하도록 주의하면, 당신은 성령께서 사람들에게 역사하시는 것을 발견할 것이다. 당신이 새로운 메시지를 선포할 때마다, 하나님께서는 죄책감을 느끼는 사람들을 당신에게 더하실 것이다. 그러면 당신은 좋든 싫든 그들을 대해야 한다. 이때 당신은 그들을 가슴에 품고 하나님 앞으로 나아가야 한다.

이와 같이 하나님께서는 당신의 메시지를 통해 사람들의 영혼을 찔리게 하시고 당신으로 하여금 그 영혼들의 치유 사역을 감당하게 하신다. 만일 그 상처가 당신이 주의 메시지를 신실하게 선포함으로써 주께서 야기하신 것이라면, 하나님은 일꾼인 당신을 통해 그 영혼을 치료하는 역사를 일으키신다. 하나님께서 우리가 여러 다양한 일을 진행시켜 나갈 때 우리를 성령으로 충만하게 하시고 그 고된 일을 인내로 감당하게 하시기를 기도드린다.

다음 장과 연결되는 이야기를 하나 더 하고 싶다. 성령은 당신 없이는 영혼 치유의 역사를 일으키지 않으실 것이다. 만일 우리가 주께 마음을 열지 않음으로써 다른 영혼들이 예수 그리스도의 치유나 치료, 만지심을 받지 못하게 된다면, 또한 정욕적이고 이기적인 잘못된 삶을 살아가는 사람들이 나타났을 때 우리가 성령의 능력을 통해 그들에게 예수 그리스도를 제시할 준비가 되어 있지 않다면, 하나님은 그 책임을 우리에게 물으실 것이다.

하나님의 일꾼들이여! 하나님의 이 계시를 온 마음을 다해 신뢰하라. 하늘 아래의 어떤 영혼도 절대 포기하지 말자. 만약 정말 고질적인 사람이 있다면(결단의 시간에 매번 결단하지만 아무런 변화가 없는 사람들을 말한다.) 이 경우로 인해 하나님께 감사하자. 그 이유는 나 스스로 깨닫게 된 것이 있는데, 하나님께서 그러한 고질적인, 변화되지 않는 사람들을 사용하셔서 우리 일꾼들을 가르치시기 때문이다.

"그런 사람들을 상대하는 것은 아무런 소용이 없구나"라고 말하며 한쪽으로 그들을 밀어내고 싶은 유혹이 매우 클 것이다. 정말 그렇다! 그러나 만일 그들이 지나칠 정도로 고질적이라면, 이는 다른 방법으로는 나타낼 수 없는 주님의 인내가 당신을 통해 드러남을 의미한다. 포기하지 않는다면 어느 순간 그 영혼들은 빛으로 들어오게 될 것이다.

3장

거듭나지 않은 도덕적인 영혼을 대할 때

"그들은 죽을 때에도 고통이 없고 그 힘이 강건하며"시 73:4.

'거듭나지 않은 도덕적인 영혼들'은 '내한성 일 년 식물들'hardy annuals과 같다. 이 의미는 건강한 정신을 지닌 죄인들을 말한다. 앞에서 지적했듯이, 예수 그리스도의 관점에서는 모든 사람들이 잃어버린 자들이다. 그러나 우리는 이 '잃어버린 자'라는 용어의 의미를 너무 한정시키거나 전문화시킴으로써 선교적인 의미를 놓칠 때가 많다. 즉, 우리는 죄 가운데 푹 빠진 몹쓸 죄인들만 '잃어버린 자들'로 간주한다.

사도행전 17장에서 바리새인이며 하나님의 거룩한 사도인 바울은 건강한 정신을 가진 활기찬 이방인들과 대면한다. 예수 그리스도께서도 이런 부류의 사람들과 끊임없이 만나셨다. 당신도 이런 사람들과 접해야 한다. 그들은 오직 한 번 태어난 사람들이고 그것으로 온전히 만족하며 산다. 그들은 대체로 바르고 도덕적으로도 자신에 대해 만족하며 매우 밝고 행복하다. 당신은 그들이 전혀 예수 그리스도를 필요로 하지 않는다는 것을 느낀다. 주님 주변에는 이런 부류의 사람들이 대다수였다. 이 땅에 계실 때 주님은 거의 대부분의 삶을 유대인들 사이에서 보내셨다. 그러나 간혹 이방인이 끼어들 때가 있었고, 예수님은 그때마다 전혀 다른 방식으로 그들을 대하셨다. 주께서는 종교적인 유대인을 근엄하게 대하지만, 헬라인을 만나셨을 때는 즉시 그의 날카로운 기지를 읽으시고 그에 맞게 상대하셨다.

마태복음 15장에서 주님은 혼자 있고 싶으셔서 두로와 시돈의 해변 지방으로 떠나신다. 주님은 자신이 이미 너무나 많이 알려져 있기 때문에 제자들을 파송하고자 하셨다. 그때 불쑥 수로보니게 여인이 나타나 주님께 부탁했다. 그러나 주님은 그녀에게 전혀 관심을 기울이지 않으셨다. 그 이유는 분명했다. 주님은 조용히 있고 싶으셨고, 주님이 무엇을 행하시든지 이 여인은 주께서 감당할 수 없을 만큼 큰 소문을 낼 것을 잘 알고 계셨기 때문이다. 그러나 그녀의 믿음은 강했다. 그녀는 주 예수님을 붙들기만 하면 주께서 그녀의 딸을 고쳐주실 것을 알고 있었다. 이때 주님이 이 여인을 어떻게 대하셨는지를 보자. 주님이 그녀에게 속담 하나를 말씀하시니 그녀도 속담으로 주께 답변한다.

"자녀의 떡을 취하여 개들에게 던짐이 마땅하지 아니하니라"
"주여 옳소이다마는 개들도 제 주인의 상에서 떨어지는 부스러기를 먹나이다"눅 15:26-27.

종교적인 유대인들에게 이 여인의 사고방식은 생소했다. 그러나 예수님은 그 여인의 생각을 즉시 간파하시고 그녀의 믿음을 칭찬하셨다.

"여자여 네 믿음이 크도다 네 소원대로 되리라"눅 15:28.

오늘날 건강한 정신을 가지려는 경향은 매우 강하다. 유니테리언 삼위일체와 그리스도의 신성을 부인하는 18세기에 등장한 종파이다-역주의 얄팍한 사상은 정신 건강을 말한다. 신 사고 운동New Thought movement, 정신 치유 운동 Mind Cure Movement, 크리스천 사이언스도 정신 건강을 강조한다. 정신 건강에 대한 여러 사상은 사람들이 주 예수 그리스도와 아무 상관없이 어떻게 행복하게 살 수 있고, 어떻게 도덕적이고, 올바를 수 있는지를 말해준다. 주님은 한 번 태어난 이러한 사람을 '잃어버린 자'라고 규정하신다. 하나님의 일꾼들인 우리의 숙제는, 행복과 건강한 정신을 누리는 비종교적인 사람들을 어떻게 예수님을 원하는 자리로 이끌어 가느냐 하는 것이다.

수로보니게 여인은 한창 바쁜 시간을 마친 주님을 찾아 왔다. 당신은 이러한 건강한 정신의 무리가 종종 당신이 기진맥진했을 때 찾아와 당신에게 온갖 질문을 던지는 경험을 할 것이다. 사도 바울도 그와 같은 일을 겪었다.

> "이 말쟁이가 무슨 말을 하고자 하느냐 하고 어떤 사람은 이르되 이방 신들을 전하는 사람인가 보다 하니 이는 바울이 예수와 부활을 전하기 때문이러라"행 17:18.

바울은 고린도 교회에 보내는 편지에서 "우리는 십자가에 못 박힌 그리스도를 전하니 … 이방인에게는 미련한 것이로되"고전 1:23라고 말한다.

하나님의 일꾼은 누구나 자신을 바보처럼 느끼게 만드는 부류의 사람들을 반드시 만난다. 그들은 당신이 아는 한 내적으로나 외적으로 매우 훌륭하고 올바른 삶을 산다. 그들은 당신이 답변할 수 없는 질문들을 던져 당신을 곤혹스럽게 한다. 그들은 당신이 자신을 참으로 어리석다고 느끼도록 만드는 데 성공한다.

예를 들어, 당신은 예수 그리스도께서 사람들을 죄로부터 구원하시고 하나님과 바른 관계에 두기 위해 '사시고, '죽으시고, 부활하셨다'고 설교한다. 그러나 그들은 자신들의 죄를 의식하지 못하고 당신도 그들의 삶 가운데 특별히 어떤 죄악을 지적할 것이 없다. 그들은 건강한 정신을 가지고 있고 행복을 느낀다. 철저한 불신자들이기 때문에 "왜 예수 그리스도가 나를 위해 죽어야 하는가? 나는 아무런 문제가 없다. 나는 내가 할 바를 정확하게 다하고 있다. 나는 불량배도 아니고 도둑도 아니다. 죄인도 아니다. 왜 예수 그리스도가 나를 위해 죽어야 하는가?"라고 질문한다. 만약 당신이 이런 상황에 익숙하지 않은 채 이런 질문을 받는다면, 정말 자신이 지독한 바보가 된 느낌을 갖게 될 것이다. 그렇다면 우리는 어떻게 해야 이런 사람들에게 예수 그리스도의 복음과 주님을 전할 수 있을까?

세 부류의 이교도, 곧 갈리오와 헤롯과 빌라도를 살펴보자. 갈리오는 바르고 의로운 불신자이다. 사도 바울이 그 앞에 끌려왔을 때, 갈리오는 그에게 아무 관심이 없었다. "갈리오가 이 일을 상관하지 아니하니라"행 18:17. 그의 요지는 "나는 너희의 종교적 논쟁과 무관하다. 너희의 율법 문제나 해결하려고 이 자리에 있는 것이 아니다"라는 것이었다. 기독교의 대적자들은 결코 약하지 않고 우리를 가볍게 무시할 수 있는 자들이다. 따라서 가장 먼저 해야 할 일은, 우리가 어떤 종류의 복음을 전하는지 제대로 점검하고 살펴보는 것이다. 만일 당신이 바르고 의롭지만 종교에 대해 관심이 전혀 없는 부류의 불신자들에게 예수 그리스도가 죄인을 구원하실 수 있다고 외친다면, 그들은 그러한 예수 그리스도를 필요로 하지 않을 것이다. 당신은 하나님의 말씀 안에 계시된 주 예수 그리스도를 전해야 한다.

주 예수 그리스도와 그분의 사역을 전하라

하나님의 일꾼으로서 분명히 명심해야 하는 것은, 그리스도의 사역을 전하되 전체가 아닌 일부만 전해서는 안 된다는 사실이다. 예수님께서는 "내가 땅에서 들리면 모든 사람을 내게로 이끌겠노라"요 12:32고 말씀하셨다. 당신은 혹시 자신이 애지중지하는 교리를 들어올리고 있는 것은 아닌가? 그렇다면 건강한 정신을 가진 무리가 당신을 조롱할 것이다. 그러나 그리스도를 온전히 전하는 즉시 뭔가 발생한다. 즉, 내가 할 수 없는 그곳에서 성령께서 일을 시작하신다.

그렇다면 우리가 기억해야 할 분명한 사항은 자신이 높이 떠받드는 이론이 아니라 그리스도를 전해야 한다는 점이다. 우리의 이론이 아무리 옳고 진실하며 중요한 교훈이라도, 아무리 주님의 역사가 실제로 나타났더라도 그런 것들은 우리가 제시할 내용이 아니다. 우리는 '예수 그리스도'를 제시해야 한다. "빌립이 … 예수를 … 전하니"행 8:35.

바울은 예수 그리스도를 알았고, 그분을 이 세상의 그 어떤 것보다 가장 위대하고 웅장하며 가치 있는 존재로 알았기 때문에, 아테네 철학자들의 세련된 조롱에 맞설 수 있었다. 반드시 불신자들에게 주 예수 그리스도를 제시하라. 당신이 성령을 의지하면, 성령께서 각 사람에게 필요한 제시를 하도록 당신을 인도하실 것이다.

어떤 사람들은 예수 그리스도를 꾸러미 묶음으로 제시한다. 어떤 사람은 '구원', 어떤 사람은 '성화', 또 어떤 사람은 '성령 세례'라는 꾸러미 묶음을 내어놓는다. 그들이 이렇게 하는 이유는 사람들의 이해를 쉽게 하기 위해서이다. 그들은 특정한 구절 묶음들을 사용해서 능력 있게 영혼들을 구원한 체험들이 있다. 그러나 맨 처음에 지적했듯이, 우리가 자신의 특별한 처방을 의지하는 즉시 성령은 우리를 떠나신다. 양심이 얼어붙은 사람이든 건강한 정신을 가진 불신자든, 우리는 우리가 다루어야 할 모든 경우에 성령님을 철저하게 의지하는 법을 배워야 한다. 다음과 같이 핑계대지 말라.

"주님, 이 사람은 건강합니다. 옳고 그름에 대한 판단이 분명하고 과거 경력도 깨끗합니다. 하지만 복음에 대해 전혀 관심이 없습니다. 저는 그를 다룰 수 없습니다."

우리는 모든 능력의 예수 그리스도를 그대로 제시하고 성령께서 그를 다루시도록 성령을 의지해야 한다.

또 다른 종류의 이교도로서 대표적인 인물은 헤롯이다. 헤롯은 희귀한 타입의 불신자이다. 그는 외설적이며 악하다. 정말 말로 다할 수 없을 정도로 악한 사람이다. 그는 예수님을 대면하여 만났지만 조금도 양심의 가책을 느끼지 않았다. 왜 그러한가? 그는 이전에 세례 요한을 통해 하나님의 음성을 들어왔지만 그 목소리가 잠잠해지도록 세례 요한을 죽이라고 명령했다.

헤롯은 부도덕으로 굳어버린 끔찍한 인간의 모습을 보여준다. 자신의 영적 사망진단서에 서명했기 때문에, 예수 그리스도를 보고도 그의 양심은 조금도 미동하지 않았다. 그는 세례 요한을 통해 삶의 죄악을 경고하는 하나님의 음성을 여러 번 들었지만 끝까지 청종하지 않고 패역을 고집함으로써 하나님과의 교감을 완전히 말살하였다. 따라서 예수 그리스도께서 그의 앞에 서셨을 때에도 그의 마음은 조금도 가책이 없었던 것이다. 성경의 기록을 유의해서 보았는가? "헤롯이 예수를 보고 매우 기뻐하니"눅 23:8. 왜 기뻤을까? 그것은 사람들이 원하는 것들을 보기 위해 극장에 가는 것과 똑같은 이유였다. 헤롯은 여러 말로 예수님께 물었지만 예수님은 "아무 말도 대답하지 아니하셨다"눅 23:9. "사망에 이르는 죄가 있으니"요일 5:16. 하나님을 향한 마지막 배교에 이르는 영혼이 있다. 불멸의 영혼이 이 땅에서 멸망의 날인을 받는 경우가 있다. 이러한 경우는 전능하신 하나님도 그 영혼을 깨우실 수 없다. "이에 관하여 나는 구하라 하지 않노라"요일 5:16.

만일 당신이 지금까지 이 문제를 직접 직시한 적이 없다면 지금 직시해보라. 당신은 예수 그리스도와 관련된 일들에 대해 아직은 마음의 가책을 느낀다. 그러나 지금 과거만큼 마음이 아프지 않다면, 이는 당신 탓이다. 언젠가 지금만큼도 가책을 느끼지 못할 때가 올 것이다. 한때 헤롯은 세례 요한의 말을 기쁘게 받아들였다막 6:20. 만일 과거에 하나님께서 당신이 저지른 삶의 어떤 죄악을 지적해 주셨음에도 불구하고 당신이 듣지 않았다면, 그 책임은 당신에게 있다.

이제 하나님의 무서운 진리가 모두 제시되어도 당신에게는 그 진리가 한날 우스갯소리로 들릴 때가 올 것이다. 하나님은 그분의 일꾼이 하나님으로부터 완전히 돌아선 멸망의 자녀를 일대일로 맞서는 것을 금하신다. 사람의 성품이 이처럼 굳어질 수 있다. 그러한 사람을 위한 기도는 마귀가 아니라 하나님이 막으신다. 기도가 입술에서부터 얼어붙는다. 이것은 무섭고 떨리는 진리이다. 그러나 사람들은 이 진리를 들으려고 하지 않는다.

이교도의 또 다른 부류는 빌라도로, 그는 언제나 자기 유익을 구하는 불신자를 대표한다. 오늘날 우리는 이런 부류의 사람들을 잘 안다. 이런 사람들이 교회를 가는 이유는 사업적인 이득 때문이다. 그들은 그들의 사업에 더 유리한 조건이 된다면 이곳저곳 교회를 옮겨다닌다. 우리는 거듭나지 못한 채 이런 심보로 살아가는 사람을 기회주의자라고 부른다. 그는 "만일 예수 그리스도의 복음이 우세하면 내 유익을 위해 복음을 사용하겠다"라고 생각한다. 당신은 이러한 사람이 당신의 체험이 아니라 예수 그리스도를 대면할 수 있도록 해야 한다.

갈리오는 일반적 부류의 이교도로서, 정신이 건강하고 활력이 있으며 힘이 있고 행복한 불신자를 대표한다. 건강한 정신을 갖는 것은 옳은가? 물론이다. 행복한 것이 바른가? 물론 그렇다. 옳고 바르기 때문에 이미 우리가 언급한 새 사고 운동이 급속하게 퍼지면서 기독교를 무너뜨리고 있다. 만일 당신이 죄를 무시하라고 가르친다면, 많은 사람들이 모일 것이다. 고통과 질병과 괴로움을 성공적으로 무시할 수 있는 방법을 알려준다면, 사람들의 귀가 당신에게 쏠릴 것이다. 잘못된 죄악들에 대해 장차 있을지 모를 심판의 가능성을 무시하는 법을 말해준다면, 사람들은 당신에게 배우려고 할 것이다. 사람이 어떻게 죄의 고통으로부터 해방될 수 있는지, 통증에 시달리는 몸에서 자유할 수 있는지, 잘못된 과거로부터 벗어날 수 있는지 그 길을 보여준다면, 사람들은 당신의 설교를 들으려고 모여들 것이다. 지금 내가 지적한 내용들은 다 맞으니 기록해두라. 이 세상 임금들은 이런 식으로 구원한다. 물론 주 예수 그리스도께서도 구원하신다. 그러나 예수 그리스도의 삶을 보라.

사람들은 주의 모든 축복을 받고자 하였다. 그러나 주님과의 바른 관계를 가지려고는 하지 않았다. 우리의 문제는 예수 그리스도를 사람들에게 제시하면서 예수님께서 무엇을 하실 수 있는지를 빼먹는 데 있다. 예수 그리스도는 사람이 죄를 잊으려면 어떻게 해야 한다고 가르치셨는가? 주께서는 주께로부터 죄사함을 받음으로 죄를 잊을 수 있다고 말씀하셨다. 그러나 불신자들은 사람이 죄를 잊으려면 어떻게 해야 한다고 가르치는가? "죄를 무시하라. 더 이상 생각하지 말라. 자아실현을 하라!"고 가르친다. 이것이 가능한가? 물론 가능할 수 있다.

만일 당신이 오랜 기간 죄를 짓는다면 당신은 당신이 얼마나 죄악된지를 잊게 될 것이다. 자신이 얼마나 악한지를 잊은 사람이 과거의 잘못을 섬광처럼 보여줄 주님을 만나려고 하겠는가? 예수 그리스도께서 가장 먼저 하시는 일은, 사람의 눈을 열어 자신의 잘못을 보게 하시는 것이다. 그 후 주님은 그 사람을 잘못으로부터 구원하여 주신다. 당신은 혹시 죄악을 무시함으로써 죄를 잊은 자리까지 온 사람이 아닌가? 과거의 죄악을 직면하지 않은 채 건강한 마음과 행복을 누리는 자리까지 와 있는가? 그렇다면 당신은 불신자와 다를 바가 없다. 그러나 예수님께서는 우리의 눈을 열어 잘못을 보게 하신다. 그 후 다른 영역으로 우리를 옮기셔서 그 잘못으로부터 우리를 구원하신다.

문제의 영혼을 예수님이 직접 다루시도록 기도로 주께 맡기고 매달리라

수로보니게 여인은 주 예수 그리스도를 원했다. 그녀는 제자들에게는 조금도 관심이 없었다. 그녀가 원하는 대상은 오직 주 예수 그리스도였다. 성경을 읽어보면, 어떤 헬라인들이 주님의 제자들에게 찾아와서 "선생이여 우리가 예수를 뵈옵고자 하나이다"요 12:21라고 말했다. 이때 제자들이 어떻게 했는가? 예수님께 가서 말씀드렸다. 건강한 불신자 부류에 속한 어떤 사람이 하나님의 일꾼인 당신의 집회에 찾아왔다고 하자. 그가 왔다는 것은 "우리가 예수를 뵈옵고자 하나이다"라는 의미인데, 이때 당신은 어떻게 할 것인가? 그를 설득하려고 하겠는가? 절대 그렇게 하지 말라. 빌립과 안드레가 무엇을 했는지 기억하라. 그들은 예수님께 가서 말씀드렸다. 어떤 사람이 찾아오든 말로 하든 "우리가 예수를 뵙고자 하나이다"라고 할 때 '첫째는, 둘째는, 셋째는' 하는 식으로 시작하지 말라. 단지 예수님께 가서 말씀드리라.

"주님, 이 사람이 주님을 뵙고 싶어합니다."

다시 하나님의 일꾼이 기억해야 할 핵심 요소를 상기해보자. 당신이 아는 가장 실제적인 분으로서 성령을 의지하고 성경의 사실들과 인간사 속에서 살아간다면, 사람들은 당신을 통해 예수 그리스도를 인식하게 될 것이다. 그 어떤 진리로도 흔들 수 없는 '내한성 일년 식물들'과 같은 사람들, 항상 밝고 명랑한 얼굴을 하며 어떤 역경에도 포기하지 않고 견디는 '거듭나지 않은 도덕적인 영혼들'을 바꾸어 내시는 유일한 분은 주 예수 그리스도이시다. 하나님께서 주의 모든 일꾼들에게 이 사실을 항상 기억나게 하시기를 기도드린다.

흔히 이 시대는 사람들 앞에서 예수 그리스도를 소개하고 제시하는 일이 매우 어려운 때라고 말한다. 물론 어렵다. 참으로 어려워서 내재하시는 성령의 능력이 아니고서는 절대 불가능하다. 모든 인생 가운데는 위기가 찾아온다. 시편 107편은 완전히 절망하기 전까지는 하나님께로 돌아오지 않는 인생들을 기록하고 있다. 사람들이 완전히 절망하여 하나님께 부르짖으면, 그때 주께서 그들의 소리를 들으신다.

만일 당신이 사람들에게 다가가서 그들이 악하게 되기보다 선하게 되는 것이 낫다고 말하면 그들은 이렇게 대답할 것이다.

"네, 그렇지요. 하지만 당신은 어떻게 악한 사람을 선하게 만들 수 있습니까?"

바로 그 점이 문제이다. 만일 당신의 종교가 당신이 아는 가장 낮고 악하며 비참한 지경에 있는 사람에게까지 다가갈 수 없다면, 당신의 종교는 아무런 소용이 없다. 많은 멋진 세상 종교들은 가장 악한 사람을 건드리지도 못하고 교양 있는 사람과 지성인만 상대한다. 기독교는 지극히 낮은 곳으로부터 높은 곳까지 전부 상대한다. 예수 그리스도의 놀라움은 현실을 있는 그대로 다 받아주시는 점이다. 주님은 사람의 마음과 생각, 그리고 모든 삶의 해답이시다. 다음에 당신이 '내한성 일 년 식물' 같은 사람을 만나면 그를 놓고 하나님께 매달리라. 성령의 능력으로 당신이 예수 그리스도를 제시할 수 있을 때까지 매달리라. 그러면 당신은 한 영혼의 얼굴색이 바뀌고 태도가 바뀌며 삶이 바뀌는 현장을 목격하게 될 것이다.

4장

타락한 영혼을 대할 때

"또 어떤 자를 그 육체로 더럽힌 옷까지도 미워하되 두려움으로 긍휼히 여기라"유 1:23.

신약 성경에서 '타락한 영혼'의 가장 대표적인 예는 데마로서 디모데후서 4장 10절에서 찾아볼 수 있다. "데마는 이 세상을 사랑하여 나를 버리고 데살로니가로 갔고." 데마는 자기가 더 좋아하는 곳으로 되돌아갔다. '타락한 자'라는 용어는 신약에서는 사용되지 않았고 구약에서 사용되었다.

예레미야 2장 13절은 타락한 자가 어떤 사람인지 잘 말해준다. "내 백성이 두 가지 악을 행하였나니 곧 그들이 생수의 근원 되는 나를 버린 것과 스스로 웅덩이를 판 것인데 그것은 그 물을 가두지 못할 터진 웅덩이들이니라." '타락'은 두 부분으로 되어 있고 이 용어는 두 조건을 모두 갖춘 사람에게 적용된다. 우리는 이 용어를 매우 폭넓게 사용하여 범죄를 저지른 사람이나 퇴보하는 사람에게 적용하기도 한다. 그러나 이 두 가지는 엄밀하게 말해 타락이 아니다. 타락은 이 둘보다 훨씬 더 심각한 상황이다. 어떤 의미에서 타락한 자는 퇴보하는 자나 죄악을 범한 자보다 더 심각하다. 그는 하나님을 버리고 다른 것을 택한 사람이기 때문이다.

일반적으로 주님을 부인했던 베드로를 '타락한 영혼'으로 말하곤 한다. 그러나 베드로에게 발생한 일은, 그가 어떤 일까지 저지를 수 있는지를 보여준 사건이다. 그는 맹세와 저주로 주를 부인하는 자리까지 갔다. 그가 실패하게 된 이유는 무엇이었는가? 그는 충심으로 예수님을 따랐고, 예수님께 드리는 충성심 가운데 앞으로 일어날지도 모를 여러 최악의 사건들을 미리 고려하였다. 그러나 최악의 경우까지는 생각했어도 예수 그리스도께서 세상의 권력 앞에서 자신을 양순하게 내어줄 것이라고는 상상조차 하지 못했다.

예수 그리스도께서 순순히 자신을 폭도들에게 넘기시고 그들이 잡아가도록 허락하시는 모습을 보았을 때, 베드로의 머릿속은 혼란으로 가득 찼고 그의 마음은 실의에 빠졌다. 이러한 상태에서 그는 붙잡히신 예수님을 '멀찍이 쫓아' 갔다. 그는 몇몇 사람들에게 여러 날카로운 질문을 받으며 시달리더니 자신도 이해할 수 없는 끔찍한 상태로 떨어지게 되었다. 즉, 맹세와 저주로 예수님을 부인하는 상태까지 이른 것이다. 우리는 우리가 상상조차 할 수 없는 세대에 베드로가 속했음을 기억해야 한다. 그는 예수님이 죽으시고 부활하시기 이전 세대의 사람이다. 우리는 비록 그가 살던 시대에 살고 있지는 않지만, 그가 대표하는 사람들을 이해할 수 있다.

베드로는 예수님께 온 마음으로 충성되고 헌신된 사람이었다. 그러나 그는 자신이 어떤 일까지 저지를 수 있는 사람인지 전혀 알지 못했다. 그는 참으로 충성스러웠지만 또한 참으로 무지했다. 스스로 견딜 수 없는 위기가 오자 자신이 얼마나 끔찍한 악을 행할 수 있는지를 발견하고 깜짝 놀랐다.

하나님이 타락한 자를 다루시는 방법은 곧 우리가 타락한 자를 어떻게 다루어야 하는지를 가르친다. 이제 그 이야기를 자세히 살펴보자.

'타락한 자'란 누구를 말하는가?

먼저 우리 자신이 '타락한 자'라는 용어를 바르게 사용하는지를 점검해보자. 타락의 상태는 두 부분으로 되어 있다. 즉, 하나님을 버리고 다른 것을 택하는 것이다. 타락한 상태는 자신 속에 죄의 성향이 있음을 깨닫는 상태가 아니다. 타락한 자는 하나님의 은혜가 무엇인지, 죄가 무엇인지, 구원이 무엇인지를 안다. 그럼에도 불구하고 그는 다른 것을 더 사랑하기 때문에, 의도적으로 하나님을 버리고 과거로 돌아간 사람이다.

"그리스도인이 죄를 지을 수 있는가?"라는 질문을 자주 접한다. 분명히 그리스도인도 죄를 지을 수 있다. 그러나 그 죄를 즉시 고백하고 용서 받아야 한다. 만약 그리스도인이 자신의 범죄 행위를 계속해서 용인하면 그 죄가 그를 계속 끌고 다닐 것이고, 마침내 그는 하나님의 모든 인도하심을 왜곡하고 스스로 인생길을 꾸려가고 말 것이다.

흔히 타락한 자를 다루려면, 하나님의 사역자가 그를 성령으로 거듭나게 해야 한다고 말한다. 그러나 타락한 자는 거듭날 필요가 없다. 그는 거듭나지 않은 사람보다 훨씬 더 열악한 상태에 있다. 따라서 속히 자신의 타락을 치유하고 회복해야 한다.

성경은 타락한 자에 대해 매우 엄중하게 말한다. 타락은 영적으로 가장 무서운 범죄이다. 타락은 하나님을 버리고 스스로 "물을 가두지 못할 터진 웅덩이들"렘 2:13을 파는 것이다. 타락한 자의 문제는 거듭남이 필요한 그런 차원이 아니다. 거듭나지 않는 사람의 경우보다 훨씬 더 힘든 경우이다. 타락한 자를 대할 때 당신은 일반 죄인들처럼 그들을 다룰 수 없다는 사실을 발견하게 될 것이다. 이때 당황하지 말라. 그들의 마음은 얼어붙어 있고 죄책감이 없으며 하나님이 원하시는 모든 것들에 대해 완벽하게 무디어져 죽어 있는 상태이다. 그들은 매우 형식적으로 당신에게 말할 것이다.

"아, 그래요. 저도 한때 하나님을 알았지요. 이것저것 체험도 했고요. 그러나 일부러 곁으로 빠져나왔습니다."

타락의 과정은 여러 단계가 있겠지만, 타락의 상태는 하나님을 버리고 다른 길을 택한 것을 의미한다.

타락한 자의 세 가지 특징

베드로후서 2장 15절에는 하나님의 일꾼들에게 해당하는 분명한 말씀이 나와 있다. "그들이 바른 길을 떠나 미혹되어 브올의 아들 발람의 길을 따르는도다 그는 불의의 삯을 사랑하다가." 발람이 누구인가? 하나님의 선지자이다. 그의 길은 무엇이었는가? 자신의 은사로 장사한 것이다. 신약 성경은 발람에 대해 세 가지로 말한다. 즉, '발람의 길'벧후 2:15, '발람의 어그러진 길'유 1:11, '발람의 교훈'계 2:14이다.

'발람의 길'은 주제넘게 자신의 은사가 자기 것인 줄로 착각하고 그것을 이용해 장사하거나 하나님의 상품 진열대 위에 "나는 하나님이 어떤 일을 하실 수 있는지를 보여주는 전시품이다"라는 식으로 자신을 진열하는 것을 말한다. 그리스도인이 자신을 '드러내는 사업'을 시작하는 즉시 타락으로 향한다.

'발람의 어그러진 길'은 배후에 있는 하나님의 뜻을 전혀 분별하지 못하고 일반적인 도덕 기준만 보는 것을 의미한다. 그리스도인이 하나님의 말씀을 지지하는 성령의 지시보다 자신이 지혜롭게 여기는 상식적인 도덕을 따르는 길로 들어설 때, 그는 그 즉시 타락의 지름

길에 오른 것이다. 지금 당신의 신앙 생활과 체험을 돌아보라. 혹시 어떤 일을 하면서 세상에서 높게 여기는 일반적인 기준을 취하고 있지는 않은가? 그렇다면 주의하라. 그것이 바로 타락으로 이어지는 어그러진 길이다.

"오, 이런. 다들 그렇게 하는군. 그렇다면 나도 똑같이 해야겠지."

이것이 세상의 일반 기준이다. 만일 세상 기준이 조금이라도 하나님의 분명한 기준과 상충된다면 주의하라. 어그러진 길은 부패한 세상과 경건을 교묘히 섞는 가운데 타락의 핵심이 되는 거짓 교훈을 슬며시 만들어낸다. 타락은 이렇게 시작하고, 당신은 잘못된 것에 눈을 고정하게 된다.

'발람의 교훈'은 하나님의 백성을 타락시킨다. 발람은 바락에게 하나님의 백성을 유혹하여 모압 여인들과 결혼하도록 지시했다. 구약의 이 사건은 무엇을 의미하는가? 이는 기독교의 신앙이 부패한 세상과 타협하는 것을 의미한다.

이와 같이 신약은 발람의 예를 통해 타락을 이끄는 세 가지의 위험한 특징을 언급하고 있다.

타락한 자를 대하는 방법

당신이 타락한 자들을 대할 때 그들이 가진 큰 위험 중 하나는, 그들은 자신의 질병을 그 누구보다 다른 사람들에게 더 빨리 퍼뜨린다는 사실이다. 공동체 안에 타락한 한 사람만 있어도 그는 전 공동체에 위험 요소가 된다. 그의 영향력은 구원받지 못한 수백 명의 죄인들보다 수십 배나 강하다. 하나님의 일꾼이 타락한 자를 대할 때 확실하게 깨닫게 되는 것은, 자신이 그 사람에게 철저하게 무력한 존재라는 점이다.

이제 타락한 자와 직접 대면해보자. 당신은 처음부터 그에게 성령을 받으라고 당부하겠는가? 그렇게 한다면 당신은 아무 대답도 듣지 못할 것이다. 그는 아마 "그래요. 주님, 죄송합니다. 제게 성령을 주옵소서"라고 말할지도 모르겠다. 그러나 하나님께서는 그에게 성령을 주지 않으실 것이다. 당신은 신구약 어디를 보아도 하나님께서 타락한 자를 이런 식으로 다루시는 모습을 발견할 수 없을 것이다.

누가복음 15장에 나오는 비유를 예로 들어보자. 나는 이 비유가 여러 방법으로 사용되는 것을 알지만 여기서는 타락한 자를 설명하는 데 이 비유를 사용하고자 한다. 이 비유는 '탕자의 비유'라고 불릴 만한 분명한 이유가 있다. 그러나 성경에서는 그렇게 부르지 않고 '두 아들의 비유'라고 말한다. 작은아들은 멀리 집을 떠나 방탕한 삶을 살며 그의 재산을 탕진한다. 한편 큰아들은 집에 머물러 있다. 두 아들 모두 악한 아들들이다. 집에 거하는 아들의 마음도 먼 곳에서 방탕하는 작은아들 못지않게 악하다.

이 비유 속에서 아버지가 먼 나라에 있는 작은아들을 찾는 어떤 전갈을 보냈는가? 전갈을 보냈다는 기록은 없다. 작은아들은 무엇을 해야만 했는가? 그는 주께서 이 비유를 말씀하시기 훨씬 이전에 호세아 선지자가 말했던 대로 해야 했다. 즉, 돌아와야 했다. 하나님께 이끌려서 돌아오는가? 성경은 그렇게 말하지 않는다. 호세아 14장을 읽어보라. "내가 그들의 반역을 고치고"호 14:4. 즉, 타락한(반역한) 자가 먼저 일어나 돼지들과 돼지 음식을 떠나 그가 떠나왔던 곳으로 돌아가야 한다.

그에게 도움이 허락되었는가? 아무도 돕지 않았다. 고국에서 전갈이 왔는가? 하나도 없었다. 하나님의 부드러운 손길이 그의 삶을 만져주었는가? 그렇지 않다. 죄로 찌들고 물든 탕자가 뜨거운 태양볕 아래에서 돌아오는 모습을 그려보라. 오, 지옥 같은 타락의 자리에서 벗어나는 것이 얼마나 어려운 길인지! 참으로 힘든 길이다! 탕자가 돌아오는 매 걸음은 잔인하고 고통스러운 순간들이었다. 그러나 어떤 일이 발생하였는가? 아버지는 작은아들이 저 멀리 보이자마자 그를 보고 "달려가 목을 안고 입을 맞추었다."

타락한 영혼들 사이에서 일하는 하나님의 일꾼들은 하나님의 방법을 기억해야 한다. 만일 당신이 할 수 있다면 타락한 영혼을 바늘로 찔러 그로 하여금 스스로 일어나 하나님께 돌아가도록 해야 한다. 그렇다면 당신은 타락한 영혼을 위해 무엇을 해야 하는가? 그가 해야 할 말을 알려주어 말하도록 해야 한다. "내 죄과로 인해 내가 타락하였나이다." 탕자는 대답할 말을 준비했는가? 그렇다. 그는 돼지들 틈에 거하는 동안 대답할 말을 거듭거듭 연습했다. "내가 일어나 아버지께 가서 이르기를 … 하리라." 그는 마음속으로 철저히 준비했다. 그러면 호세아도 같은 말을 하는가? 그렇다. "너는 말씀을 가지고 여호와께로 돌아와서 아뢰기를 … 할지니라"호 14:2. 죄과란 무엇을 의미하는가? 길에서 벗어난 깨어진 관계를 말한다.

지금 이 말씀을 듣고 있는 타락한 자가 있는가? 그렇다면 일어나 하나님께로 돌아가라. "그렇지만 하나님께서 나를 이끄시는 것을 못 느끼겠는데요." 그렇다. 당신은 아무 느낌이 없을 것이다. 나는 성경에서, 하나님께서 죄인을 이끄시지만 타락한 자를 이끄시는 경우를 발견하지 못했다. 타락한 자에게 주어진 말씀은 "돌아오라"는 것이다.

> "너는 말씀을 가지고 여호와께로 돌아와서 아뢰기를 모든 불의를 제거하시고 … 할지니라"호 14:2-3.

타락한 자를 대하다 보면 당신은 마지막 한 방울까지 당신의 모든 에너지를 소진하게 될 것이다. 모든 그리스도의 일꾼들은 나의 말에 공감할 것이다. 지금까지 언급한 다른 부류의 사람들을 대할 때는 하나님께서 우리에게 매 순간마다 은혜를 공급하시는 듯하다. 분명히 기억하자. 다른 경우에도 물론 성령을 의지해야 하지만 타락한 자를 대할 때는 수천 배 더 성령을 의지할 필요가 있다.

타락한 자를 위한 중보기도의 효력

타락한 자를 위한 중보기도는 가장 많은 교훈을 주겠지만 하나님을 위해 일하는 데 가장 힘든 일이기도 하다. 하나님의 일꾼이 타락한 자를 위해 중보기도를 하다보면, 그들은 기도가 단지 기도의 제목을 아뢰는 것일 뿐 아니라 일종의 '분위기'를 만들어낸다는 사실을 깨닫게 된다. 기독교 교회는 거의 언제나 이 둘을 구분한다. 교회가 기도의 분위기를 너무 강조하다 보면 기도의 내용을 잊기 쉽고, 기도의 내용만을 강조하다 보면 기도의 분위기를 잊기 쉽다. 그러나 이 둘은 함께 가야 한다. (이런 표현을 내가 사용해도 될지 모르지만) 당신이 타락한 자를 위해 기도할 때 당신은 매 순간마다 하나님의 평온한 생명으로 충만해져야 할 필요가 있다. 하나님의 일꾼에게 위로부터 내려오는 지혜가 반드시 필요할 때는 타락한 자를 대하는 순간이다. 당신은 타락한 영혼을 어떻게 깨우겠는가? 그가 움직이도록 그에게 어떻게 일침을 놓겠는가? 그 영혼으로 하여금 어떻게 하나님께 돌아가도록 하겠는가?

탕자의 비유에서, 아무런 전갈도 먼 나라로 보내지지 않았다. 하나님은 아무도 보내지 않으신다. 그러나 하나님의 일꾼인 당신이 바로 탕자들에게 하나님으로부터 오는 전갈이 되어야 하지 않을까? 당신이 기도로 충만하게 준비되어 있다면, 당신이 타락한 영혼을 접하게 될 때 그가 아버지를 기억하게 되지 않을까? 과거에 자신이 어떠한 사람이었는지를 기억하지 않을까? 당신의 삶이 아버지 집의 정원으로부터 온 꽃다발같이 된다면, 한때 그의 삶이 어떠했는지를 잠시라도 기억나게 하지 않을까?

마음을 모아 기도하며 깨어 있으라. 당신으로 인해 타락한 불쌍한 영혼 하나가 일어나 "내 죄과로 인해 내가 타락하였나이다"라는 말을 준비해서 하나님께로 돌아온다면, 하나님께서 당신에게 크게 상을 베푸실 것이다.

타락한 자를 동정하지 말라

당신이 "나는 타락한 사람이었지만 감사하게도 지금은 치유가 된 상태입니다"라는 간증을 듣게 되거든, 그 사람의 말을 잠깐 멈추게 하라. 성경은 타락을 말할 때 가장 끔찍한 부도덕적인 단어들을 사용한다. 그럼에도 어떤 사람은 자신의 타락에 대해 아무 거리낌 없이 훌가분하게 말하는데, 당신은 끔찍한 도덕적 범죄를 저지른 사람이 그런 식으로 말하는 것을 상상할 수 있겠는가? 타락한 사람이 하나님에 의해 회복되어 돌아와 하나님을 만날 때, 그는 과거를 말하기에 참으로 부끄러울 것이다. 그가 혹시 과거를 언급할 수밖에 없다면, 하나님을 향한 깊은 회개의 분위기 가운데 언급해야 할 것이다. 절대로 타락한 자에게 동정하지 말라. 그가 하나님께 돌아올 수 있도록 당신의 힘을 다해 그를 몰아가라. 만일 당신이 말로 그렇게 할 수 없다면, 하나님 안에서 충만하게 사는 모습을 보여줌으로써 그가 당신을 만날 때 자기가 과거에 어떤 사람이었는지를 기억나게 하라.

타락에 대한 또 다른 예는 마태복음 23장에 나온다. 그곳에서 말하는 타락은 사람이 아니라 예루살렘 도시를 언급하지만, 그럼에도 그 구절은 하나님께서 타락한 자를 어떻게 다루시는지에 대한 그림을 잘 보여주고 있다.

> "예루살렘아 예루살렘아 선지자들을 죽이고 네게 파송된 자들을 돌로 치는 자여 암탉이 그 새끼를 날개 아래에 모음같이 내가 네 자녀를 모으려 한 일이 몇 번이더냐 그러나 너희가 원하지 아니하였도다 보라 너희 집이 황폐하여 버려진 바 되리라 내가 너희에게 이르노니 이제부터 너희는 찬송하리로다 주의 이름으로 오시는 이여 할 때까지 나를 보지 못하리라"마 23:37-39.

"내가 … 한 일이 몇 번이더냐 그러나 너희가 원하지 아니하였도다!"

오, 지금 이곳에 타락한 자가 있다면 당장 하나님께로 돌아오기를 부탁한다. 당신의 잘못된 행위로 인해 하나님으로부터 멀리 떠나게 되었노라고 하나님께 말하라. 할 말을 준비해서 하나님께 아뢰라. 매 맞을 각오를 하고 돌아오라. 그러나 하나님께서는 어느새 당신을 맞이하실 것이다! 탕자가 연습한 말을 절반도 하기 전에 아버지는 이미 그가 숨이 막힐 만큼 꼭 안아주었다. 그러나 아버지의 품 안에 안기기 전에, 탕자는 진심을 보여야 했고 먼저 스스로 돌아가야 했다. 당신도 똑같이 해야 한다.

그리스도의 일꾼인 당신의 마음에 타락한 영혼이 떠오르는가? 그는 한때 하나님의 은혜를 알고 잘 달려갔지만 언제부터인가 세상과 타협하더니 지금은 "살았다 하는 이름은 가졌으나 실제로는 죽은 자가 되었다"계 3:1. 그렇다면 하나님은 당신에게 중보기도를 통해 '그리스도의 남은 고난'을 채우도록 하신다. 타락한 자들은 이 세상에서 가장 다루기 위험한 부류이다.

기도 가운데 영적인 승리를 얻는 비결을 알고, 하나님의 사랑으로 순간마다 푹 잠기는 법을 아는 일꾼만이 타락한 자를 다루어야 한다. 이 일을 위해 위로부터 오는 지혜가 필요하다. 당신이 하나님께 이끌려 이러한 영혼을 대해야 한다면, 하나님의 방식에 따라 하라. 그로 하여금 하나님을 느끼도록 하기 위해 어떤 무지한 방법을 사용하려고 시도하지 말라. 그 대신 하나님의 말씀에 분명하게 주어진 지침을 성실하게 따르라. 스스로 돌아오도록 그를 위해 기도하거나 자신의 지성을 통해 깨달을 수 있도록 도우라.

> "너는 말씀을 가지고 여호와께로 돌아와서 아뢰기를 모든 불의를 제거하시고 선한 바를 받으소서 … 내가 그들의 반역을 고치고 기

뻐게 그들을 사랑하리니 나의 진노가 그에게서 떠났음이니라"호 14:2,4.

5장

이중인격의 영혼을 대할 때

"이와 같이 너희도 겉으로는 사람에게 옳게 보이되 안으로는 외식과 불법이 가득하도다"마 23:28.

내가 '두 얼굴'이라는 단어를 사용할 때의 의미는, 존 번연이 언급하는 '양다리 걸친 사람'Mr. Facing both-ways이 아니라 '마음이 위선된 죄인'이다. '두 얼굴'은 단지 이중성과 거짓을 말하기 위한 표현이다. 만일 당신이 '두 얼굴'에 대한 하나님의 말씀이 얼마나 많은지 성경을 훑어본 적이 없다면 지금 해보라. 당신은 깜짝 놀랄 것이다. 당신이 '이중인격의 영혼'을 평소에 대할 일이 없다고 여기거나 그 대상이 현실적으로 잘 다가오지 않는다면, 성경의 몇 구절을 확인해볼 수 있다. 이 부류의 사람들은 다루기가 매우 어렵기 때문에 우리가 거의 들어보지 못한 설교 주제일 것이다.

"거짓 선지자들을 삼가라 양의 옷을 입고 너희에게 나아오나 속에는 노략질하는 이리라"마 7:15.

"거짓 그리스도들과 거짓 선지자들이 일어나 큰 표적과 기사를 보여 할 수만 있으면 택하신 자들도 미혹하리라"마 24:24.

"경건의 모양은 있으나 경건의 능력은 부인하니 이 같은 자들에게서 네가 돌아서라 그들 중 남의 집에 가만히 들어가 어리석은 여자를 유인하는 자들이 있으니 그 여자는 죄를 중히 지고 여러 가지 욕심에 끌린 바 되어"딤후 3:5-6.

위 구절들은 성령과 주님께서 '두 얼굴의 사람들'의 모습을 그려주신 많은 구절들 가운데 일부이다. 다시 한 번 강조한다. '두 얼굴의 사람들'은 우리가 다루기에 가장 힘들고 어려운 사람들이다. 만일 우리가 하나님의 사람들 중 이중적인 두 얼굴의 사람을 만나면, 우리의 마음은 착잡하고 온 영혼이 겁에 질릴 것이다. 우리는 영적 미숙아들처럼 성경을 읽어서는 안 된다. 하나님은 우리가 영적으로 성장한 사람으로서 성경을 읽기를 원하신다. 성경에는 우리를 흔들어놓는 놀랍고도 무서운 내용이 있다. 하나님의 일꾼은 주변의 삶 가운데서 발생하는 무서운 일들을 이해할 뿐 아니라 성경이 계시하는 무서운 삶의 공포들도 이해할 필요가 있다.

이중인격 상태에 있는 다윗의 예

사무엘하 12장에 기록된 사건을 살펴보자. 나단은 놀라운 통찰력과 대단한 용기 면에서 타의 추종을 불허한다. 그가 하나님을 위한 사역의 목록에 올려놓았던 다윗은 어떤 사람이었는가? 나는 나단과 같은 설교자들과 그리스도의 일꾼들이 더 많이 일어나기를 하나님께 기도한다. 다윗이 가장 야비하고 비겁한 위선의 탈을 쓴 지 1년이 지났다. 그러나 그는 나단이 그의 양심에 비수같이 칼을 꽂기까지 아무것도 깨닫지 못하고 있었다. 다윗의 대답을 들은 나단이 하나님의 강력한 경고의 칼을 높이 들어 "당신이 그 사람이라"고 외치며 일침을 가할 때에야, 다윗은 "내가 여호와께 범죄하였노라"고 고백했다. 나단의 행동에는 빈틈이 없었다.

만일 당신이 다윗과 같은 하나님의 위대한 인물이 어떻게 그렇게 악한 죄를 저지를 수 있었는지 알고 싶다면, (나는 간음이나 살인 자체를 말하는 것이 아니라 그보다 훨씬 더 무한하게 악하고 깊고 간교하고 끔찍하고 엄청난 내면의 위선을 말하는 것이다. 다윗은 일 년 동안 자신이 '회칠한 무덤'이었음에도 불구하고 공의를 집행하고 있었다.) 당신은 먼저 하나님께서 자신의 죄성의 무한한 타락의 가능성을 깊이 점검하시도록 허락해야 한다.

나단이 어떻게 다윗에게 가게 되었는지를 주목하라. "여호와께서 나단을 다윗에게 보내시니"삼하 12:1. 하나님께서 당신에게 보내시는 이중인격자를 대하기 전에, 당신은 자신의 마음에 대한 지식을 통해 얻은 모든 명철을 사용할 수 있어야 한다. 모든 것을 감찰하시는 하나님 앞에 단 5분이라도 서 있던 경험이 있는 일꾼이라면, 다윗의 실패에 크게 동요하지 않을 것이다. 성경에 기록된 죄는 누구나 범할 수 있다.

내가 하나님의 일꾼에게 이중인격자를 대하는 일이 가장 어렵다고 말하는 이유는, 이 일을 위해 높이 계신 하나님으로부터 오는 명철과 지혜가 있어야 할 뿐 아니라 자신의 속성에 대한 매우 기이하고 강력한 점검을 통한 명철과 지혜도 있어야 하기 때문이다. 하나님의 일꾼이 하나님을 위하여 영혼 치유의 사역을 끝까지 수행하려면, 자신의 속성 안에 있는 타락의 가능성들을 하나님께서 깊은 곳까지 점검하시도록 허락해야 한다. 바로 이러한 이유 때문에 이중인격자를 대하는 것이 어렵다.

하나님께서는 그리스도의 일꾼인 당신에게 개인의 특별한 삶을 위한 과정이 아니더라도 여러 훈련과 체험을 반드시 겪게 하실 것이다. 그 과정은 하나님께서 나단을 보내셨듯이 이제는 당신을 보내시기 위해 당신을 준비시키기 위한 작업이다. 그 후 당신은 그 예민한 칼을 사용할 수 있게 된다. 주께서는 "그러므로 너희는 뱀같이 지혜롭고 비둘기같이 순결하라"마 10:16고 말씀하셨다.

이중인격성을 다룬 성경의 예

다윗 왕의 삶 가운데 1년 동안의 마음속 깊은 곳의 위선은 갑자기 나단을 대면하게 되었다. 이때 나단이 그 위선을 어떻게 대하였는지를 주시하라. 나단은 하나님이 주신 직감으로 다윗이 알아채지 못할 비유를 사용했다. 그 비유의 칼은 다윗의 양심에 그대로 꽂혔다. 다윗이 "여호와의 살아계심을 두고 맹세하노니 이 일을 행한 그 사람은 마땅히 죽을 자라"삼후 12:5라는 말을 마치자마자, 나단은 엄청난 담대함으로 소리쳤다. "당신이 그 사람이라." 그리고 하나님의 경고의 선언이 계속되었다.

하나님의 일꾼들이여! 당신이 약한 사람, 병든 사람, 교활한 사람, 외식하는 사람에게 나아가기 전에 하나님께서 당신을 먼저 다루시게 하라. 영적 어린아이는 성령의 검을 휘두르지 못한다. 그 칼은 단단한 음식을 먹는 사람 곧 성령에 의해 다루어지고 점검된 사람이 휘두를 수 있다. 하나님의 일꾼은 자신의 죄성의 끝없는 타락의 가능성과 깊이를 철저하게 알면서 하나님의 은혜의 놀라움을 이해하고 있어야 한다.

바울은 이와 비슷한 경우를 어떻게 처리했는지 주목하자. 갈라디아서를 보면 바울이 '거짓 형제들'을 어떻게 대하는지를 볼 수 있다.

"이는 가만히 들어온 거짓 형제들 때문이라 그들이 가만히 들어온 것은 그리스도 예수 안에서 우리가 가진 자유를 엿보고 우리를 종으로 삼고자 함이로되 그들에게 우리가 한시도 복종하지 아니하였으니 이는 복음의 진리가 항상 너희 가운데 있게 하려 함이라"갈 2:4-5.

'거짓 형제들'이라는 표현에 주목하라. 이 표현은 내가 만든 것이 아니라 바울이 쓴 것이다. 그들은 형제였지만 위선자였고 가짜였다. 우리는 그들을 어떻게 대해야 하는가? "그들에게 우리가 한시도 복종하지 아니하였으니"갈 2:5. 왜 그러했을까? 우리의 관점을 설명하고 싶어서? 아니다. 그들이 위선자라는 사실을 드러내기 위해서? 그것도 아니다. "이는 복음의 진리가 항상 너희 가운데 있게 하려 함이라."갈 2:5. "형제 사랑하기를 계속하라"히 13:1. 이것이 하나님을 완벽하게 사랑하는 것이다. 하나님의 명예를 높이려는 강렬한 열정을 가지고 그분의 원수들에 대해 단호하게 맞서라. 내리칠 때가 있고 웃을 때가 있다. 당신의 진실하고 순수한 회개와 마음속에서 역사하는 하나님의 은혜가 원수에 의해 시험대에 오를 때는, 당신의 칼을 꺼내 그 원수를 그대로 내리쳐야 할 때이다.

거짓 형제들이 몰래 들어와서 주 예수 그리스도의 명예를 더럽히기 위해 교묘하게 활동할 때, 바울은 이들을 어떻게 처리했는가? 그는 이들과 맞섰다. 그러나 거짓 형제들을 대할 때 당신은 사도 바울의 방식을 그대로 따르고 있는지 신중하게 점검하라. 만일 당신의 삶이 하나님의 탐조등에 의해 걸러지지 않은 채 선불리 거짓 형제를 다루려 한다면, 주의하라! 만일 당신이 거짓 형제를 대면한다고 하면서 이중인격자의 영혼을 치유하려고 한다면, 또한 성령의 검으로 거짓 형제의 양심을 찌를 수 있도록 일하고 싶다면, 먼저 자신이 하나님에 의해 다루어질 준비를 하라. 하나님의 통찰력 대신에 의심과 트집 잡는 비판을 사용하기 시작하면, 당신은 "내가 예수도 알고 바울도 알거니와 너희는 누구냐"행 19:15라는 반응을 얻게 될 것이다.

도둑을 잡기 위해 도둑을 두는 것이 세상의 방식이다. 그러나 전능하신 하나님은 주의 일꾼을 보내실 때 문자 그대로 하나님께서 친히 뒤집어놓은 사람을 보내신다. 영적으로 말하면, 하나님께서는 어떤 사람의 성향을 바꾸어 놓으시고 그 사람만이 하나님께서 행하신 일을 알도록 허락하신다. 하나님의 일꾼의 삶에는 거짓 지식이 없다. 일꾼은 이중인격자를 만날 때 한 가지 목적인 죄인의 양심을 찌르는 목적을 향해 곧바로 나아가는데, 이는 자신의 분별력을 보여주기 위해서가 아니라 그 영혼을 표리부동과 위선으로부터 빠져나오도록 하여 하나님의 빛으로 이끌기 위함이다.

당신의 육신적인 의심으로부터 일을 시작하지 말라. 참으로 많은 사람들이 육신적인 의심을 성령의 분별로 오해하고 있다. 만일 하나님께서 당신에게 분별의 영을 주신다면 그것은 잘된 일이다. 하나님께서 그렇게 하시는 때가 있다. 그러나 하나님께 이중인격자들에 대해 분별력을 달라고 절대 요구하지 말기를 당부한다. 나는 분별의 영을 달라고 기도하는 사람들을 본 적이 많다. 그때마다 "주님, 저 영혼이 시험에 들지 않게 인도하소서"라고 기도할 수밖에 없었다.

인간의 무한한 타락 가능성을 통찰하라

만일 하나님께서 그리스도의 일꾼인 당신에게 이중인격자들과 위선자들의 영혼을 치료할 수 있는 능력을 주려고 하신다면, 하나님께서는 먼저 당신으로 하여금 자신의 죄성이 얼마나 무한한 타락의 가능성을 가지고 있는지 통찰하게 하실 것이다. 그 후 당신은 하나님의 은혜의 신비와 구원의 놀라움을 깨닫게 되면서 나단이 가졌던 모든 명철함을 얻게 될 것이다. 그때가 되면 당신은 잠잠하지 않고 외치게 될 것이다. 오, 거짓 교훈들을 가르치는 이때에 소리 높여 외치는 더 많은 음성들이 있다면! 더 많은 일꾼들이 나단의 뒤를 이어 담대히 서서 하나님의 영의 모든 지혜로 사람들의 영혼을 찌르는 검을 휘두를 수 있다면! 그래서 사람들이 주의 일꾼들이 의도하는 바를 알아채기 전에 "당신이 그 사람이라"는 검으로 그대로 찌를 수만 있다면! 오, 이러한 지혜가 더 많다면!

하나님과 바른 관계를 갖고 그분에 의해 점검을 받으라. 그러면 하나님께서 이중인격자의 생각을 번거롭게 할 일화나 비유의 칼을 당신에게 보내주실 것이다. 그래서 일화나 비유의 칼로 인해 그들의 생각이 번거로워지면, 그 칼은 그들을 깊이 찌를 것이다. 이때 "당신이 그 사람이라"고 지적해 주라. 그러면 그 이중인격자는 "내가 여호와께 범죄하였나이다"라고 말하며 절규할 것이다. 그 후 다윗에게 준 나단의 메시지를 들려주라. "나단이 다윗에게 말하되 여호와께서도 당신의 죄를 사하셨나니 당신이 죽지 아니하리이다"삼하 12:13. 얼마나 멋진 메시지인가!

성령의 검으로 이중인격자의 이중성을 지적하라

영혼 치유를 위해 일하고자 한다 해도, 당신이 어떤 종류의 영혼을 치유할 것인지 선택할 수는 없다. 하나님께서 위선의 삶을 사는 이중인격자를 대하게 하시면, 당신은 당신 안에서 하나님의 영이 감찰하신다는 것이 어떤 의미인지 이해하게 될 것이다. 그 후 당신은 하나님의 손에서 '날카로운 이를 가진 새 타작기'로 쓰임 받는 것이 무엇인지 이해하게 될 것이다. 그 다음 당신은 왜 하나님의 검이 스스로 아무것도 느낄 수 없을 때까지 당신을 상하게 하고 멍들게 하는지 알게 될 것이다. 그 이유는 주께서 당신이 다루는 영혼을 검으로 그대로 찔러 그 영혼의 어그러진 것들을 베고 그를 구원하기 위해서이다.

하나님께서 우리로 하여금 영혼을 치유하는 사역이 영적 어린아이의 일이 아님을 깨닫게 하시기를 바란다. 이 사역은 영적 어른의 사역으로서 전능하신 하나님께 사로잡혀 변화된 사람의 힘이 필요하다. 이러한 일꾼을 통해 하나님께서 오랫동안 기다려오신 그 영혼에게 주님이 곧바로 연결되기를 기도한다.

신약 성경에서 나단에 견줄 만한 인물로는 세례 요한이 있다. 그의 메시지는 흠잡을 것이 없다. 헤롯 앞에 섰을 때에도 그는 헤롯의 호감을 얻기 위해 메시지를 다듬지 않았다. 자신의 허영을 위해 조금도 자신을 속인 적이 없었다. 여기에 대부분의 사람들이 생각하는 것, 그 이상의 것이 있다. 나단과 세례 요한은 하나님께로부터 직접 왔다. 만일 당신이 하나님께로부터 직접 온 일꾼이라면, 당신은 흠이 없어야 한다. 하나님과 그리스도의 일꾼인 당신 사이를 가로막는 것이 아무것도 없어야 한다. 세례 요한은 하나님께로부터 직접 와서 하나님을 위해 직언했다. 당신은 하나님을 위해 직언하는가? 설교자여, 하나님의 말씀을 전할 때 조금도 희석시키지 말고 그대로 전하라. 당신이 하나님께로부터 온 사람이라면 하나님을 위해 직언하라. 두려움이나 호의 때문에 메시지를 바꾸지 말라. 세례 요한에게 어떤 일이 발생했는가? 그는 머리를 잘린 채 하나님께 곧바로 돌아갔다. 이것이 그가 전한 메시지의 결과였다.

성령은 다른 부류의 사람들보다 '이중인격자'를 대하는 일꾼의 부족함을 더 많이 고려하신다. 하나님의 일꾼마다 하나님으로부터 직접 와서 그분의 탐조등 아래에서 살아가면서 그분을 위해 직언하게 되기를 기도드린다. 당신이 위선자를 대할 때 하나님을 순종하여 그에게 직언하기보다 가만히 침묵하기가 더 쉽다. 만일 침묵하면 당신은 사람의 칭찬을 얻게 될 것이다. 그러나 성경은 "가령 내가 악인에게 말하기를 너는 꼭 죽으리라 할 때에 네가 깨우치지 아니하거나 말로 악인에게 일러서 그의 악한 길을 떠나 생명을 구원하게 하지 아니하면 그 악인은 그의 죄악 중에서 죽으려니와 내가 그의 피값을 네 손에서 찾을 것이고"겔 3:18라고 말한다.

다음번에 당신이 누군가를 만날 때 그 사람은 어쩌면 하나님의 마음에 합한 사람일 수 있다. 그러나 그는 위선에 빠져 살아왔으며 결국 파멸의 아들이 될 가능성도 있다. 충성스러운 일꾼이여! 당신은 그날 당신의 명부에 또 다른 '다윗'의 영혼을 추가할 수도 있다. 그러나 만일 당신이 그를 잘 아는 가운데 만났을 때 그의 기분에 맞게 당신의 메시지를 손질하기 시작한다면, 하나님께서는 당신의 손에서 그 영혼의 피를 찾으실 것이다.

> "네가 악인을 깨우치되 그가 그의 악한 마음과 악한 행위에서 돌이키지 아니하면 그는 그의 죄악 중에서 죽으려니와 너는 네 생명을 보존하리라"겔 3:19.

그리스도의 일꾼들이여, 어떤 희생을 치르더라도 하나님께 순종하라. 그러나 당신이 하나님께 순종하면 그분께서는 당신을 고통스러울 정도로 연단하실 것이다. 앞서 다루었던 '비정상적인 영혼'이나 '잃어버린 영혼'과 얕은 물에서 물장구치기는 쉽다. 평범하고 쉽게

포용하는 죄인들과 물장구치기도 쉽다.

그러나 우리가 타락한 자를 다루어야 할 때나 위선자를 대면해야 할 때는 우리에게 성령을 통해 오는 명철함이 반드시 필요하다. 이 부분에서 많은 사람들이 기권한다. 하나님께서 많은 주의 일꾼들이 포기하지 않고 계속 앞으로 나아갈 수 있도록 그들에게 은혜 베푸시기를 기도드린다!

6장

병든 영혼을 대할 때

"밝을 때 닥쳐오는 재앙"시 91:6.

영혼들의 문제를 다루다 보면, 우리의 이해를 넘어서는 일들이 참으로 많다는 사실이 점점 분명해진다. 하나님의 일꾼이 몸소 체험 가운데 배워야 할 것 중 하나는 신기할 정도로 우리 가운데 그 누구도 자신이 다루는 영혼들을 온전히 이해할 수 없다는 사실이다. 그렇다면 우리가 어떻게 여러 영혼들을 치유하는 일을 할 수 있겠는가? 내가 제시했던 첫 번째 원칙을 기억하라. 몸소 체험적으로 예수 그리스도를 알고 성령을 의지함으로써 할 수 있다는 원칙 말이다.

"내가 해 아래에서 내가 한 모든 수고를 미워하였노니"전 2:18. 이것은 이 땅에 산 사람들 가운데 가장 지혜로웠던 솔로몬이 한 말이다. 솔로몬의 모든 말을 최종적으로 요약해 본다면, 그의 말은 건강한 정신의 영혼이나 정열적이고 쾌활하며 희망 찬 영혼이 아니라 그와 정반대 되는 병든 영혼의 말이 된다.

앞서 '내한성 일 년 식물들' 곧 아무 병이 없는 건강한 죄인들의 영혼 치료에 관해 살펴보았다. 그들은 건강하고 행복하며 건전하였다. 이제 나는 이와 정반대 되는 부류의 사람들을 다루려고 한다.

만약 기독교가 건강한 정신을 가진 사람들을 위한 유쾌한 종교라면, 런던과 같은 도시 사람들에게는 아무런 유익이 되지 않을 것이다. 그 이유는, 그곳에 사는 대부분의 사람들은 유쾌할 수 있는 처지에 있지 않기 때문이다. 마음과 양심과 몸이 이미 일그러져 있는 그들은 심한 고통을 당해 결코 정상이라고 볼 수 없다. 건강한 마음에 대한 강연이나 설교, 밝게 살며 힘을 내자는 외침 등은 그러한 군중에게 전혀 와닿지 않는다.

만일 예수 그리스도께서 하실 수 있는 일이 비참한 사람에게 용기를 내라는 것이 전부라면, 하나님의 일꾼이 할 수 있는 일이 사람들에게 우울할 필요가 없다고 말하는 것이 전부라면, 그것이 기독교가 할 수 있는 것의 전부라면 이는 실패이다. 그러나 주 예수 그리스도의 놀라움은, 바로 어떤 부류의 사람이든 당신이 원하는 사람을 주께 데려가 그로 하여금 주를 대면하게 하면 주께서 그들을 치유하시고 하나님과의 바른 관계에 두신다는 사실이다.

병든 영혼을 치유하는 것은 미움을 바꾸라는 설득으로 가능하지 않다

신약 성경은 병든 영혼에 대해 약간 언급한다. 우리는 도마와 막달라 마리아, 이 두 사람을 살펴볼 것이다.

도마는 선천적으로 어두운 사람이었다. 그는 행복하고 건강한 마음을 갖지 못했다. 예수 그리스도께 충성하였지만 '병든' 인생관을 가지고 있었다. 언제나 최악이 발생할 것으로 생각했다. 당신은 나사로가 죽었을 때 예수님께서 베다니로 가겠다고 말씀하시자 도마가 "우리도 주와 함께 죽으러 가자"요 11:16라고 한 말을 기억할 것이다. 도마에게는 '활력 복음'the gospel of cheerfulness이 먹혀들지 않는다. 당신이 "힘내"라고 말한다고 해서 우울한 상황을 바꾸어낼 수는 없다. 예수 그리스도께서 도마를 위해 무엇을 하셨는가? 예수님은 도마와 개인적인 관계를 맺으시고 그를 완전히 변화시키셨다요 20:24-29.

막달라 마리아는 고통과 어려움을 겪은 또 다른 부류의 병든 영혼이다. 마리아에게 마귀나 죄와 같은 것은 없다고 믿으라고 말해도 소용없다. 그녀가 그녀의 자리에서 첫 걸음을 떼는 것은 절대 불가능했다. 예수 그리스도께서 그녀를 위해 무엇을 하셨는가? 그녀가 비참할 때 행복하도록 도우셨는가? 귀신 들림과 같은 일은 없다는 것을 깨닫도록 도우셨는가? 그렇지 않다. 예수님은 귀신을 내쫓고 마리아를 치유해 주셨다눅 8:2.

히브리서 2장을 보면 죽음의 두려움 때문에 속박된 많은 무리의 병든 영혼들이 나온다. 예수 그리스도는 이들을 속박으로부터 구원하시기 위해 오셨다. 고린도전서 11장 30절은 "그러므로 너희 중 약한 자와 병든 자가 많고 잠자는 자도 적지 아니하니"라고 말한다. 내가 이 구절들을 제시하는 이유는, 병든 영혼이 어디에나 있다는 사실을 우리가 자연스럽게 인식할 수 있도록 성경에도 충분한 표시가 있음을 말하기 위해서이다.

잠깐 사람의 신체 조건에 대한 이야기를 나누겠다. 우리의 신경에는 신경이 자극에 반응하기 시작하는 분계점이 있다. 어떤 사람의 신경은 다른 사람들의 그것처럼 신속하게 반응하지 않는다. 어떤 사람은 소위 '궁핍' 신경 영역을 가지고 있기 때문에, 그의 신경은 다른 사람들의 그것에 비해 반응이 훨씬 낮다. 소리에 대한 반응을 예로 든다면, 어떤 사람은 엄청난 소음 속에서도 잠을 잘 수 있다. 그 사람에게 소음은 전혀 문제가 되지 않는다. 귀는 진동을 모으는데, 우리는 오직 진동이 상당히 빠를 때만 들을 수 있다. 만일 우리의 청각 영역이 낮다면 우리는 공기 중의 파장을 다 들어야 한다. 꽃이 자라나는 소리나 대기 중에 움직이는 미세한 모든 소리를 다 들어야 한다. 그러나 우리는 대부분 높은 청각 영역을 가지고 있기 때문에 대기 가운데 진동이 충분하지 않은 것들은 듣지 못한다.

신경 영역이 낮은 신경 시스템을 가진 사람의 삶은 그가 어디를 가더라도 비참할 정도로 고통스럽다. 그런 사람에게 기분을 내라고 말하는 것이 무슨 소용이 있겠는가? 우리가 다루기에는 우리의 한계를 넘어가는 더 큰 문제들이 있다. 그런 사람은 대부분의 사람들이 전혀 알지 못하는 세력과 연관되어 있다. 그는 우리가 들어보지도 못한 것들이나 전혀 느끼지 못하는 것들에 의해 고통을 당한다. 그러한 사람은 매우 우울한 인생관을 갖게 되지만 어찌할 수 없다.

하나님의 일꾼이 이런 영혼을 만날 때 무엇을 해야 하는가? "기운을 내고 밝은 면을 보라"는 '기질의 복음'the gospel of temperament을 전하겠는가? 아니면 예수 그리스도를 전하겠는가? 지금 이 시대의 유행어가 된 '활력 복음'은 선천적으로 쾌활한 사람들에게는 잘 맞을 것이다. 그러나 아무 잘못도 없이 단지 신경 영역이 너무 낮기 때문에 삶에 비참을 느끼는 사람들에게 활력 복음이 무슨 소용이 있겠는가? 히브리서 2장을 다시 읽어보라. 당신은 예수 그리스도께서 천사의 속성을 취하시지 않고 "자녀들은 혈과 육에 속하였으매 그도 또한 같은 모양으로 혈과 육을 함께 지니셨다"히 2:14는 사실을 발견할 것이다.

예수 그리스도는 신경이 있는 살과 피를 지니셨기 때문에 인간의 신체 구조가 어떻게 조정되는지, 어떻게 고통 받게 되는지 정확하게 아신다. 모든 그리스도의 일꾼들은 우울한 인생관을 지닌 병든 영혼들을 예수 그리스도께로 인도할 수 있는 방법을 알아야 한다. 당신이 성령을 받아야 할 필요에 대해 말하면 그들은 전부 고개를 끄덕거린다. 그러나 그들에게 아무 일도 발생하지 않는다. 그들은 쾌활하지 않다. 우리가 어떻게 해야 그들이 예수 그리스도를 접하게 될까?

다음 구절을 보면, 베드로가 나사렛 예수에 대해 놀라운 사실을 말한다.

> "하나님이 예수에게 성령과 능력을 기름 붓듯 하셨으매 저가 두루 다니시며 착한 일을 행하시고 마귀에게 눌린 모든 자를 고치셨으니"행 10:38.

베드로는 방금 "하나님은 사람의 외모를 취하지 아니하신다"는 사실을 깨달았다. 베드로가 하나님께서 '나사렛 예수'에게 성령과 능력으로 기름 부으셨다고 말한 사실은 매우 중요하다. 그가 전에는 이렇게 설교한 적이 없다. 유대인들에게 설교할 때 그는 예수 그리스도가 맨 처음부터 하나님의 아들이시라고 제시했다. 그런데 그가 유대인이 아닌 비종교적인 이방인들을 만나게 되자, 성령은 베드로로 하여금 예수님을 '나사렛 예수'로 제시하도록 하셨다. 성령의 이끌림을 받는 사람들은 절대로 자신들의 소신을 전하지 않는다.

나는 베드로가 말한 예수 그리스도의 하신 일에 주목하고 싶다. 그분은 '마귀에게 눌린 모든 자'를 고쳐주셨다. 우울함을 사실로 받아들이고 인정하는 종교는 두 개 밖에 없는데 (나에게 우울함이란 죄, 번뇌, 비참 등 사람들로 하여금 인생을 살고 싶지 않게 느끼게 만드는 것을 의미한다.) 그것은 불교와 기독교이다. 다른 모든 종교들은 이 사실을 무시한다.

이 시대는 '활력'의 복음 시대이다. 우리는 죄와 우울한 사람들을 무시하라는 말을 듣지만 인류의 절반 이상이 우울한 사람들이다. 당신 주변의 아는 사람들을 모두 살펴보고 나름대로의 결론을 내려보라. 그들의 명단을 훑어보라. 당신은 곧 그들 중에서 우울한 사람을 만나게 될 것이다.

그 사람은 세상을 향해 '병든' 관점을 가지고 있지만, 당신은 그 사람의 관점을 바꿀 수 없다. 당신은 그 사람에게서 압박을 벗겨주기 위해 어떻게 하겠는가? 바다에 나가 수 주 동안 휴가를 가지라고 말하겠는가? 철분 영양제와 강장제를 들라고 하겠는가? 그렇게 하지 말라! 그러한 사람을 밝게 하고 쾌활하게 하려면, 오직 평강 안에서 살고 하나님의 용서와 은혜 가운데 사는 길 밖에 없다. 하나님께서 주의 손에 그 영혼을 붙드실 때만 그는 '우울함'에서 빠져나올 수 있다. 즉, 우울증, 실망 같은 종류의 모든 기분으로부터 빠져나오게 된다.

성경에는 '기뻐하라, 하나님을 찬양하라, 기쁨으로 크게 노래하라'는 권면이 가득하다. 그러나 참으로 기뻐하고, 찬양하며, 크게 노래할 이유가 있을 때만이 진심으로 이런 일을 할 수 있다. 신체적으로 병든 사람은 건강한 인생관을 가질 수 없다. 마찬가지로 영혼이 병든 사람이 밝고 쾌활한 삶을 사는 것은 불가능하다. 그 영혼이 치유되기까지는 늘 마음속 깊은 곳에 근심과 두려움이 있기 때문에, 하나님께서 그분의 자녀들의 몫으로 주시려는 '말할 수 없는 영광의 기쁨과 즐거움'을 놓치게 된다.

병든 영혼의 치유는 예수 그리스도께서 그 병의 뿌리까지 바꾸실 때만 가능하다

병든 영혼을 대할 때 우리는 반드시 주님의 방법, 즉 주께서 어떻게 문제의 뿌리까지 내려가셨는지를 기억해야 한다. 질병 치유를 위해 병든 사람을 데려올 때마다 예수님께서는 종종 "네 죄악이 용서함을 받았느니라"고 말씀하셨다. 병든 영혼의 '쓴 뿌리'를 파내라. 그러면 삶을 썩히고 신경을 곤두서게 하는 열매가 더 이상 나타나지 않을 것이다.

형제자매들이여, 만약 당신이 예수 그리스도의 일꾼이라면 주께서 당신의 눈을 활짝 여셔서 죄와 비참과 고뇌가 가상이 아니라 실제임을 보게 해주실 것이다. 기쁨이 실제인 것처럼 고난도 실제이다. 고통으로 데이고 곤두선 신경도 안정된 신경처럼 똑같이 실제이다. 모든 것이 절묘한 비참이 되게 만드는 낮은 신경 영역 또한 아무것도 비참이 되지 않도록 만드는 높은 신경 영역과 마찬가지로 실제이다. 이제 루터가 직접 한 말을 들어보자.

"나는 삶에 완전히 지쳤다. 주께서 당장 오셔서 나를 이 세상에서 데려가시기를 기도한다. 무엇보다 최후의 심판으로 오시기를 바란다. 나는 목을 빼고 기다릴 것이다. 천둥이 치며 심판이 임할 때 나는 마음이 놓일 것이다."

루터는 다시 하얀 구슬 목걸이를 손에 쥐고 기도했다.

"오 하나님, 지체하지 마시고 오소서. 내일을 심판의 날로 만들 수만 있다면 저는 기꺼이 이 목걸이라도 먹을 수 있습니다."

어느 날 선제후選帝侯, 신성 로마 제국에서 황제 선정권을 가졌던 귀족 – 역주 부인 도와거가 루터와 함께 식사하면서 그에게 말했다.

"박사님, 저는 당신이 앞으로 40년 이상은 더 사시기를 바랍니다."

이때 루터는 "40년을 더 사느니 낙원에 들어갈 기회를 포기하겠습니다"라고 대답하였다.

괴테의 글에도 이와 같은 내용이 있다. 1824년 그가 쓴 글을 보자.

"나는 내가 존재해온 과정에 대해 부정적인 말을 하지 않으련다.다만 내 존재의 맨 밑바닥에는 고통과 괴로움 밖에 없다. 분명하게 확증할 수 있는 것은 내가 75년간 존재한 모든 기간 동안 참으로 안녕했던 기간은 4주가 채 되지 않는다는 사실이다. 나의 인생은 끝없이 무너지는 무거운 돌을 다시 세우는 것이 전부였다."

로버트 루이스 스티븐슨은 매일 다섯 시간 중 세 시간은 비참 때문에 미쳤다고 말했다. 존 스튜어트 밀은, 삶이란 소년기를 지난 후에는 살아볼 가치가 없는 것이라고 말하였다.

이것은 허구가 아니라 인류의 현실이다. 크리스천 사이언스는 무엇이라고 하는가? 이러한 사실들을 무시하라고 가르친다! 신 사고 운동도 사실을 무시한다! 정신 치유 운동도 마찬가지이다! 그러나 예수 그리스도는 우리의 눈을 열어 이러한 사실들을 보게 하신다. 그러나 여기에 어려움이 있다. 당신은 어떻게 이 병든 영혼들이 예수 그리스도와 만나게 하겠는가?

병든 영혼이 주님을 만날 수 있도록 오직 성령을 의지하라

무엇보다 당신은 스스로 병든 영혼들을 다루는 방법을 알지 못한다는 사실을 깨닫고 있는가? 나는 여기서 한 가지 원리를 강조하고 싶다.

만일 당신이 어떤 영혼에게 예수 그리스도를 제시하는 방법을 안다고 생각한다면, 당신은 절대로 그리스도를 제시할 수 없다! 그러나 예수 그리스도께서 그 일을 하실 수 있다고 믿고 성령님을 의지하는 법을 배운다면, 성령께서 그 일을 하실 것이라고 장담할 수 있다. 만일 당신이 성경의 일부를 안 이후에 그 부분을 찾아내어 "나는 이 영혼을 어떻게 다루어야 하는지 안다"라고 말한다면, 당신은 절대로 그 영혼을 다룰 수 없을 것이다. 반면 당신 스스로는 아무것도 할 수 없음을 깨닫고 "나의 하나님, 저는 이 생명을 다룰 수 없습니다. 어디서 시작해야 할지 모르지만 저는 주께서 그 생명을 다루실 수 있음을 믿습니다"라고 말한다면, 당신은 뭔가 할 수 있을 것이다.

예수 그리스도께서 마귀를 쫓아내시고 사람의 데이고 곤두선 신경을 가라앉히시며 향유를 발라주심으로써 그 영혼을 완전히 바꾸시고 그 삶을 완전히 새로운 관계로 들어올리시는 모습을 보는 것은 참으로 놀랍다. 당신은 주께서 이런 일을 하시는 것을 본 적이 있는가? 나는 내 생애 가운데 주께서 그 일을 하시는 것을 두 번 보았는데 그 때를 결코 잊을 수 없다. 하나님의 놀라운 역사가 어둡고 고통 받는 영혼들에게 나타나는 모습을 보는 것은 마치 하나님의 임재의 광채 가운데 충만해지는 경험과 같다. 당신이 어떤 영혼을 대하더라도 스스로 아무것도 할 수 없다는 사실과 오직 예수 그리스도만이 모든 능력이 된다는 사실을 깨닫게 될 때, 이러한 체험이 가능해진다.

도마가 어두움을 바꾸어낸 계기는 예수 그리스도와의 만남이었다. "도마, 우리가 주님을 보았다"는 동료 제자들의 증언은 아무 도움이 되지 않았다. 그 증언을 들은 도마는 병든 영혼의 고뇌 가운데 "나는 믿을 수 없다! 어떻게 그것을 감히 믿으라는 말인가! 내가 그 손의 못자국을 보며 내 손가락으로 그 못자국에 넣으며 내 손을 그 옆구리에 넣어보지 않고는 나는 믿지 않겠다"라고 말했다. 제자들의 증언은 그에게 아무 소용이 없었다. 그러나 예수 그리스도가 그를 만나셨을 때 모든 것이 달라졌다.

> "도마에게 이르시되 네 손가락을 이리 내밀어 내 손을 보고 네 손을 내밀어 내 옆구리에 넣어보라 그리하여 믿음 없는 자가 되지 말고 믿는 자가 되라 도마가 대답하여 이르되 나의 주님이시요 나의 하나님이시니이다"요 20:27-28.

막달라 마리아를 보라. 예수 그리스도께서 그녀를 위해 무엇을 하셨는가? 주께서 그녀로부터 귀신들을 내쫓아 주셨다. "일곱 귀신이 나간 자 막달라인이라 하는 마리아"눅 8:2.

귀신 들림이란 하나의 몸에 여러 인격체가 들어 있다는 뜻이다. 당신은 이러한 사실을 믿는가? 오늘날 이 사실을 믿는 사람은 거의 없다. 그러나 성경뿐 아니라 외적 증거들도 한 사람의 몸에 여러 인격체가 임하는 끔찍한 사건들을 실제라고 증거한다. 인격체는 사고의 속성을 띠는 것이라서 공간을 차지하지 않는다. 그래서 한 사람 안에 여러 인격체가 들어가는 것이 충분히 가능하다. 인격이 몸에서 차지하는 비중이 얼마나 되겠는가?

> "예수께서 육지에 내리시매 그 도시 사람으로서 귀신 들린 자 하나가 예수를 만나니 … 예수께서 네 이름이 무엇이냐 물으신즉 이르되 군대라 하니 이는 많은 귀신이 들렸음이라"눅 8:27-30.

현대인들은 많은 귀신들이 한 사람 안에 들렸다는 말에 코웃음을 친다. 따라서 이 불쌍하고 고통당하는 귀신 들린 사람은 홀로 버려진다. 그러나 예수 그리스도는 그를 고치시고 모든 귀신들로부터 구원하신다.

나는 하나님께서 우리에게 성령을 의지할 수 있는 은혜를 주시기를 기도한다. 우리가 무지와 어리석은 지식에서 벗어나 오직 성령을 의지하는 가운데 성령께서 우리가 만나는 병들고 상한 심령들에게 엄위하신 그리스도를 만나게 하시기를 기도한다. 대부분의 사역자들은 하나님이 어떻게 일하실 것이라는 나름대로의 확신을 가지고 그 길을 따라간다. 하지만 그러한 가운데 고통 받고 괴로워하는 영혼에게 능력의 예수님을 소개할 분이신 성령님을 의지하려는 흥분되고 생동력 있는 믿음을 잃는다. 하나님께 우리가 성령을 의지함으로써 성령께서 우리의 중보기도의 수고를 통해(이것이 핵심이다.) 살아계신 전능하신 그리스도를 친히 소개하시기를 기도한다.

형제자매들이여, 당신은 당신의 모든 삶이 예수 그리스도께서 다른 영혼들을 찾아가시는 데 사용되도록 주께 드리겠는가? 당신은 중보기도 가운데 귀한 피 방울을 흘리는 것에 대해 아는가? 희생을 치르지 않는 기도는 아무런 결과도 가져올 수 없다.

> "그는 육체에 계실 때에 자기를 죽음에서 능히 구원하실 이에게 심한 통곡과 눈물로 간구와 소원을 올렸고"히 5:7.

병든 영혼을 만날 때 당신은 잠깐 울고 난 후 집에 가서 편하게 잠을 자는 것은 아닌가? 아니면 예수 그리스도께서 그 어둡고 지친 영혼을 만나주실 때까지 하나님 앞에 나아가 성령을 의지하는 가운데 그 영혼을 위해 중보기도를 하는가? 하나님의 이름을 찬양하자. 예수 그리스도께는 너무 어려워서 풀지 못할 문제란 없다.

무엇이 병든 영혼을 만들어내는지에 대해 생각해보자. 우리의 감정은 각자가 생각하는 어떤 사물들의 가치와 관련되어 있다. 예를 들어, 당신 집에 어떤 물건이 있는데, 그 물건은 다른 사람에게는 아무 소용이 없지만 당신에게는 무한하게 값지다고 하자. 그런데 어떤 외부 요인으로 인해 당신의 기쁨이 무너지고 그 사물과 연관된 모든 의미들이 다 무너졌다고 하자. 그렇다면 이 세상은 당신에게 어떤 의미가 될까? 아마 자살만이 유일한 도피처인 세상이 될 것이다. 당신에게 어떤 마비증세가 와서 당신의 기쁨과 당신이 귀하게 여기는 모든 것들, 즉 사람들, 물건들, 집, 친구, 일 등과 연관되는 것들을 무너뜨린다고 하면, 하늘은 빛을 잃고 당신의 삶에서는 힘과 기쁨이 사라질 것이다. 그 후 모든 것이 마비되고 세상은 전부 캄캄한 감옥이 된다. 무엇이 이런 상태를 만들어내는가?

탕자를 보라. 당신은 탕자의 입장이 되어 그의 깊은 마음속까지 내려가 절규의 심정을 조금이라도 헤아려본 적이 있는가?

"아버지여, 내가 하늘과 아버지께 죄를 얻었사오니."

오, 내면이 마비된 영혼의 고뇌! 그 우울함과 어두움과 그늘! 힘을 돋우려는 그 어떠한 '활력 복음'도 영혼을 건드릴 수 없을 것이다. 오직 영생을 부여하시는 위대한 그리스도만이 그 영혼을 만지실 수 있다.

오, 형제자매들이여, 당신은 최근에 이런 영혼을 대면하면서 "죄책감 때문에 그렇게 되었다"고 말한 적이 있는가? 그러나 당신은 그게 원인이 아님을 안다. 당신은 당신이 아는 모든 성경 교훈을 적용하려고 시도했지만 아무런 결과가 없다. 당신은 이것저것 주장했지만 결국 모든 것이 헛수고이다. 따라서 당신은 하나님 앞에서 한없는 부끄러움을 느낀다. "이것이 그 이유가 아니구나"라고 깨닫고, 당신은 다시 문제의 원인을 찾으려고 노력한다. 하지만 하나님은 당신에게 결코 무엇이 잘못된 것인지 보여주지 않으실 것이다. 왜냐하면 원인을 알아내는 일은 당신의 몫이 아니기 때문이다.

하나님께서 당신이 하기를 원하시는 일은 그 상황을 주님께로 가져오는 일이다. 그러므로 "주님, 제 중보기도를 주께서 저 영혼에게 다가가시는 통로로 사용해 주소서"라고 기도하라. 하나님께서 우리로 하여금 주님께만 집중하게 하셔서 주의 놀라운 방법으로 우리를 사용하시기를 기도드린다.

7장

어리석은 영혼을 대할 때

"내가 어리석은 일을 하였으니 대단히 잘못되었도다"삼상 26:21.

위 말씀은 지극히 높으신 하나님의 선지자이며 이스라엘의 왕인 사울이 한 말이다. 성경은 하나님의 말씀을 읽는 자들에게 지속적으로 어리석은 영혼에 대해 관심을 갖게 한다. '어리석음'이라는 용어는 무지를 의미하는 것이 아니라 이치나 판단 없이 형성되거나 행해진 일을 의미한다. 무지는 지식이 없는 상태이다. "알지 못하던 시대에는 하나님이 간과하셨거니와"행 17:30. 무지와 어리석음을 구별하라. 이제 다음 성경 구절들을 보자.

"모세와 아론이 회중을 그 반석 앞에 모으고 모세가 그들에게 이르되 반역한 너희여 들으라 우리가 너희를 위하여 이 반석에서 물을 내라 하고"민 20:10.

"이는 그들이 그의 뜻을 거역함으로 말미암아 모세가 그의 입술로 망령되이 말하였음이로다"시 106:33.

"아무나 천국 말씀을 듣고 깨닫지 못할 때는 악한 자가 와서 그 마음에 뿌려진 것을 빼앗나니 이는 곧 길가에 뿌려진 자요"마 13:19.

"우리도 전에는 어리석은 자요"딛 3:3.

"그들 중 남의 집에 가만히 들어가 어리석은 여자를 유인하는 자들이 있으니 그 여자는 죄를 중히 지고 여러 가지 욕심에 끌린 바 되어 항상 배우나 끝내 진리의 지식에 이를 수 없느니라"딤후 3:6-7.

"때가 오래되었으므로 너희가 마땅히 선생이 되었을 터인데 너희가 다시 하나님의 말씀의 초보에 대하여 누구에게서 가르침을 받아야 할 처지이니 단단한 음식은 못 먹고 젖이나 먹어야 할 자가 되었도다"히 5:12.

위 구절들을 훑어보는 이유는, 어리석은 영혼들이 있다는 사실을 놀라울 만큼 강조하는 성경의 진리를 마음속에 깊이 새기기 위함이다.

어리석음의 대표, 사울 왕

이제 사울로 다시 돌아가자. 물론 이것이 사울에 대한 일반적인 평가가 아닌 줄은 나도 안다. 그러나 나는 사울을 어리석은 영혼의 한 예로 보고 싶다. 사무엘상 9장 2절에 나오는 사울에 대한 묘사를 읽어보라.

> "기스에게 아들이 있으니 그의 이름은 사울이요 준수한 소년이라 이스라엘 자손 중 그보다 더 준수한 자가 없고 키는 모든 백성보다 어깨 위만큼 더 컸더라."

그는 우람한 신체와 멋진 외모를 가지고 있었지만 놀라울 만큼 어리석었다. 사무엘은 그 당시 누구나 잘 알 정도로 능력 있는 선지자요 하나님의 사람이었다. 그러나 사무엘을 모르는 두 사람이 있었는데, 기스라는 사람과 그의 아들 사울이었다. 그들은 나귀를 기르는데 시간을 다 쓰느라 사무엘에 대해서는 아무것도 몰랐다. 사울이 사무엘을 실제로 만나자, 그는 선견자가 어디 있는지 말해줄 수 있느냐고 물었다. 사울은 어떻게 처음으로 사무엘이 누군지를 어렴풋이나마 알았을까? 그의 아버지의 종들 중 하나가 그에게 알려주었다.

만일 당신이 어리석은 사람이라면 경건한 종과 유대관계를 가지라. 즉, 선견자를 잘 아는 사람과 유대관계를 가지라는 말이다! 그때 사무엘이 사울에게 말했다. "내가 선견자이니라 … 아침에는 내가 너를 보내되 네 마음에 있는 것을 다 네게 말하리라"삼상 9:19. 그 후 우리는 사울에게 "하나님이 새 마음을 주셨다"삼상 10:9는 내용을 보게 된다. 사울이 하나님의 말씀에 순종했다면, 그의 삶은 하나님의 뜻을 이루었을 것이다. 그러나 그는 어리석은 영혼의 표본이 되고 말았다.

어리석은 영혼이 하나님의 말씀으로 인해 고민하도록 만들라

어리석은 영혼을 만날 때 우리는 어떻게 해야 하는가? 무지한 영혼들은 지식이 필요하기 때문에 우리는 그들을 지식으로 다룰 수 있다. 하지만 어리석은 영혼들이 하나님의 말씀에 의해 고민할 수 있을 때까지 그분의 말씀을 알려줄 필요가 있다. 문제는 어떻게 하나님의 일꾼이 어리석은 자로 하여금 하나님의 말씀으로 인해 고민하는 자리까지 이끄는가 하는 것이다. 예수 그리스도는, 어리석은 영혼은 말씀을 듣지만 이해하지 못하는 자라고 말씀하신다. "아무나 천국 말씀을 듣고 깨닫지 못할 때는 …"마 13:19. 하나님은 영적으로 어리석은 자에게 자신의 어리석음에 대해 책임을 물으시는가? 분명히 그렇다. 성경에 기록된 어리석음의 경우는 전부 하나님께 벌을 받았다.

그러면 어떻게 어리석은 영혼에게 하나님의 말씀을 넣어줄 수 있을까? 사무엘상 15장은 사무엘이 어떻게 사울을 다루었는지를 보여준다. "어찌하여 왕이 여호와의 목소리를 청종하지 아니하였나이까?"삼상 15:19. 사도 바울도 마찬가지의 자세를 보인다. "어리석도다 갈라디아 사람들아 … 누가 너희를 꾀더냐"갈 3:1. 주께서 친히 하신 말씀을 보아도 마찬가지이다. "미련하고 선지자들이 말한 모든 것을 마음에 더디 믿는 자들이여"눅 24:25.

그리스도의 일꾼들이여! 어리석은 자를 대할 때는 어떻게 해서든지 말씀이 어리석은 영혼 속에 박히게 해서 그 영혼이 말씀 때문에 구원과 멸망 사이에서 갈등하며 고민하도록 해야 한다. 어리석은 영혼만큼 하나님의 일꾼을 하나님께 더 가까이 나아가도록 하는 부류는 없다. 그들은 당신의 인내와 지구력을 철저하게 갉아먹을 것이다. 그들은 항상 무엇인가를 하고 싶어하는 척한다. 그러나 "항상 배우나 끝내 진리의 지식에 이를 수 없느니라"딤후 3:7. 왜 그러한가? 그들은 그들이 들은 말씀에 순종하려는 마음이 없기 때문이다. 이것이 어리석음의 시작이다.

사무엘이 사울에게 아말렉과 관련된 하나님의 말씀을 준행했는지를 물었을 때, 사울은 그렇게 했다고 대답하였다. 이 사실을 기억하라. "원하건대 당신은 여호와께 복을 받으소서 내가 여호와의 명령을 행하였나이다 하니 사무엘이 이르되 그러면 내 귀에 들려오는 이 양의 소리와 내게 들리는 소의 소리는 어찌됨이니이까." 위장은 어리석은 영혼의 첫 번째 특징이다. 다시 사울이 영적인 길에서 완전히 벗어났을 때, 사무엘은 마지막 고통 가운데서 똑같은 언급을 한다. "네가 여호와의 목소리를 순종하지 아니하였으므로"삼상 28:18.

어리석은 영혼이 숨기거나 합리화하는 불순종을 그대로 지적하라

우리는 가장 기본적인 은혜의 역사, 즉 새 출생과 관련해서도 어리석은 영혼을 만나게 될 것이다. 어리석은 영혼은 다음과 같이 말한다.

"나는 거룩하게 되기를 원합니다. 그래서 거룩해지기 위해 여차여차 이것저것을 했습니다."

그러나 분명한 것은 그는 전혀 그런 일들을 하지 않았다는 사실이다. 만일 그런 일들을 행하였다면 '양의 소리'가 들리지 않았을 것이다. 즉, 육체의 정욕을 채우는 데 급급하거나 그리스도인의 삶에 있어서는 안 되는 일들을 진행시키기 위해 은밀한 작업을 하지는 않았을 것이다. 스스로를 속이기 시작하는 영혼이 있는가? 그것이 바로 어리석음의 위험이다. 하나님의 말씀을 조금이라도 불순종하기 시작하는 사람은 자신을 속이기 시작한다.

"이런. 하나님은 내게 너무 심하시다. 나는 하나님의 말씀을 지켰고 내가 할 줄 아는 것은 다 했다."

하나님의 일꾼이 이런 어리석은 영혼에게 하나님의 말씀을 납득시키려면 어떻게 해야 하는가? 하나님 앞에서 기다리라. 하나님께서 가장 빨리 우리에게 성경 말씀을 허락하시는 부류가 바로 어리석은 부류이다. 당신이 위험에 처하지 않으려면 절대로 말씀의 기준을 낮추지 말라. 하나님의 일꾼들에게 이를 가장 마음에 두라고 당부하고 싶다.

어리석은 영혼을 절대 동정하지 말라. 아픈 영혼이나 비정상적인 영혼을 대할 때는 동정하라. 어리석은 영혼 이외의 거의 모든 영혼에게는 당신의 동정이 필요하다. 그러나 한 영혼을 하나님께 인도하는 데 어리석음만은 절대로 불쌍히 여기지 말라. 사무엘을 보라. 바울과 주님을 보라. 첫째도, 둘째도, 마지막도 하나님의 말씀을 그대로 전한다. 어리석은 영혼에게는 동정도 주지 말고, 도움도 주지 말며, 오직 하나님의 말씀만 주라.

어리석은 영혼들은 하나님의 말씀을 듣더라도 뒤로 돌아서서 그 말씀을 짓밟는다. 당신은 이런 경우를 주목한 적이 있는가? 하나님의 훌륭한 일꾼이 된 어떤 사람이 그의 삶은 어리석음으로 가득 찼었다고 간증한다. 그는 수년 동안 소위 하나님의 일꾼으로 행세했지만 마침내 다음 구절을 깨닫게 되었다고 한다. "너희는 너희 자신의 것이 아니라 값으로 산 것이 되었으니"고전 6:19-20. 그는 어디로 가든 그 구절이 그를 계속 꾸짖었다고 고백한다. 책을 읽을 때도 그 말씀을 만나고, 설교를 들을 때도 그 구절에서 설교를 하더란다. 마침내 그는 "결국 나는 주머니칼을 끄집어내어 내가 가진 모든 성경에서 그 구절을 잘라냈습니다"라고 고백한다. 그러자 성령께서 그가 무슨 짓을 했는지 깨닫게 하셨고, 그는 하나님 앞에서 모든 죄악을 자백하게 되었다. 이때 하나님은 그의 어리석음을 용서해 주셨다.

어리석은 영혼을 향해 주시는 하나님의 말씀을 붙들고 계속 그 말씀을 알게 하라

그리스도의 일꾼들이여! 하나님께서 당신에게 어리석은 영혼을 위한 어떤 말씀을 주시면 그 말씀을 붙들라. 당신은 어리석은 영혼을 위해 하나님께서 주신 구절을 계속 사용해야 한다. 그를 만날 때마다, 그에게 편지를 쓸 때마다, 그와 이야기할 때마다 하나님께서 주신 말씀을 사용하라. 그 영혼이 어리석음에서 빠져나올 수 있도록 하는 유일한 방법은 하나님의 말씀을 받아들이도록 하는 것이다. 그러면 얼마 후, 그 영혼이 사울처럼 하나님으로부터 너무 멀리 가지만 않았다면, 당신은 그 어리석은 영혼이 멸망에서 구원 받는 모습을 보게 될 것이다. 만일 하나님의 일꾼인 당신에게 한가닥의 어리석음이 있다면, 즉 당신의 삶 가운데 이치에 맞지 않는 말을 하거나 판단을 내리는 경향이 있다면, 당신의 메시지가 부메랑이 되지 않도록 주의하라. 부메랑은 균형이 잘 맞추어진 특이한 무기로서 당신이 힘을 다해 던지는 만큼 다시 돌아와 당신을 친다. 하나님과 바른 관계를 맺지 않은 일꾼에게는 하나님의 말씀이 언제나 부메랑이 되어 돌아온다.

하나님의 일꾼들이여! 당신에게는 분명히 어리석음의 가닥이 없는가? 당신은 항상 배우나 진리를 아는 데 이르지 못하는 그런 부류에 들지 않는다고 확신하는가? 어리석은 일인 줄 알면서도 기꺼이 행하는 일은 없는가? 그렇다면 당신 손에 있는 하나님의 말씀이, 당신이 다른 영혼을 다루려고 할 때 오히려 당신을 향해 "당신이 그 사람이라"며 외칠 것이다. 그러나 당신 스스로 바르게 살고 있다면, 그 말씀을 어리석은 영혼에게 계속 받아들이도록 하라. 하나님의 일꾼인 당신은 주일학교와 회중 안에 있는 어리석은 영혼들을 마음속으로 짚어가면서 그들을 위해 하나님께서 주신 말씀들을 되새기는가? 아침, 점심, 저녁마다 그 말씀을 두드리라.

만일 그들의 귀에 그 말씀이 들어가게 할 수 없다면 그들을 위해 기도하라. 만일 그 말씀이 누가복음 11장 13절이면, 그들이 "그 말씀을 그만 들었으면 좋겠어요. 성경에 그 구절 말고 다른 것은 없나요?"라고 말할 때까지 계속 그 말씀을 전하라. 그럼에도 '양의 소리'가 들리면 어떻게 해야 하는가? 그때는 그 문제를 계속 다루어야 할 때이다. 하나님께서는 결코 당신이 그 문제를 회피하는 것을 허락하지 않으실 것이다.

어떤 사람이 성령을 받았다고 말하면서 여전히 하나님과 동행하는 삶을 살지 않는다면, 당신에게는 그 이유가 무엇인지를 정확히 짚어서 그에게 말할 수 있는 하나님의 말씀이 늘 있다. 만일 당신이 하나님의 일꾼이라면 그를 만날 때마다 그를 괴롭게 하고 화나게 만들 수도 있는 주의 말씀을 전해야 한다. 그래서 마침내 그가 그 괴로움 때문에 하나님을 찬양하게 되는 자리까지 나아오도록 해야 한다. 하나님의 일꾼이 어리석은 영혼의 어리석음을 집요하게 다룰 때, 마침내 하나님께서 그 영혼을 일깨우신 역사를 간증할 수 있게 될 것이다. 이와 같이 어리석은 영혼을 다룰 때는 가혹할 정도로 엄중해야 한다.

예수 그리스도께서는 엠마오로 내려가던 두 제자의 어리석음과 우둔함을 어떻게 다루셨는가? 제자들은 착하고 단순하며 정직하고 진실했다. 그러나 그들은 자신들의 감정과 견해로 인해 그 마음이 어리석고 어둡게 되었다. 예수님께서는 "미련하고 선지자들이 말한 모든 것을 마음에 더디 믿는 자들이여"눅 24:25라고 말씀하셨다. '미련하다'는 단어는 신약에서 자주 사용된다. 그러나 매 구절마다 항상 같은 의미로 사용되는 것은 아니다. 이 구절의 의미는 "나의 우둔한 자녀들아, 너희들은 언제 선지자들이 말한 모든 것을 믿을 것이냐"라는 뜻이다. 이것은 앞에서 말한 어리석음과는 전혀 종류가 다른 어리석음이다. 예수님께서는 매우 정확하고 끈기 있게 이 어리석음을 다루신다. 이들의 어리석음은 개인의 슬픔과 놀라움 때문에 하나님의 말씀을 바르게 해석하지 못한 점이다.

"나의 우둔한 자녀야, 너는 내가 말한 것을 언제 믿으려 하느냐?"

그리스도의 일꾼인 당신의 삶에 당신으로 하여금 더디 믿게 만드는 어떤 특별한 요소가 있는가? 그 어리석음이 자라나지 못하도록 하라. 그 어리석음에 대해 말하는 하나님의 말씀을 붙들라. 오, 사람들에게 가장 필요한 것은 성경을 샅샅이 뒤져 하나님께서 하시는 말씀을 붙드는 것이다. 당신은 성경이 말하려는 뜻을 찾기 위해 얼마나 많은 시간을 투자하는가? 한 시간인가? "오, 한 시간은 투자할 수 없어요." 30분인가? "오, 안 됩니다. 30분도 너무 많아요." 그러면 5분? "네. 그렇게는 할 수 있지요." 그렇다면, 5분이라도 성경을 살펴보았는가? 하루 24시간 중 단 5분이라도 하나님의 말씀이 무엇을 말하는지 찾으려 한다면! 하나님께서 "내 백성은 지각이 없다"렘 4:22라고 말씀하시는 것은 당연하다!

사람들을 이해시키려고 하다가 하나님의 말씀을 희석시키는 일이 절대 없도록 하라. 나는 성령 하나님께서 나를 통해 호령하시듯이 이제 당신을 통해서도 호령하시기를 원한다! 절대로 사람의 이해에 맞추기 위해 하나님의 말씀을 끌어내리지 말라. 거꾸로, 사람의 마음과 두뇌와 몸에서 나태함이 사라질 때까지 하나님의 말씀을 두들기고 붙들고 강조하라. 그러면 마치 새로운 소식을 찾기 위해 간절한 기대로 신문을 살피듯이, 그들은 그들의 상태에 대해 말씀하시는 하나님의 말씀을 대면하려고 할 것이다. 나는 우리가 하나님의 말씀이 우리의 특별한 필요에 대해 무엇을 말하는지를 필수적으로 알게 되기를 기도한다. 그러면 우리는 왜 우리에게 그런 필요가 생겼는지 이해하게 될 것이다.

"내가 너희에게 이른 말은 영이요 생명이라"요 6:63. 하나님의 말씀은 '등불'이고 '빛'이다. 그러나 사람들이 말씀에서 벗어나 '어리석음'의 길로 들어서면, 하나님의 말씀은 그들에게 본능적인 감각과 애매한 사상이 되어 "항상 배우나 끝내 진리의 지식에 이를 수 없게 된다"딤후 3:7. 이때 타락한 마음을 가진 사람들이 몰래 들어와 그들을 잘못된 길로 인도한다. 오늘날 훔치기 위해 '몰래 기어들어오는 자들'이 많고 믿음을 파괴하기 위해 '몰래 기어들어오는 자들'도 많다.

형제자매들이여, 그들은 당신이 가진 어리석은 부분을 통해 당신의 영혼 속으로 몰래 기어들어갈 것이다. 최근에 당신이 어떤 부분에서 하나님께 불순종하였는지를 하나님의 말씀이 정확히 지적해주어 깜짝 놀라며 깨닫게 된 적이 있는가? 있다면, 하나님께서 당신으로 하여금 충성스러운 일꾼을 대면하게 하시기를 바란다. 그래서 당신이 말씀을 순종하여 통과할 때까지 그 일꾼이 어떤 말씀이든 똑같은 말씀을 계속 당신에게 가져오게 되기를 바란다. 하나님의 말씀이 당신의 혼과 영을 찔러 쪼개기 시작할 때, 그 말씀은 놀라운 역사로 당신을 치유하고 재창조하며 당신의 어리석음을 사라지게 할 것이다.

8장

영혼을 향한 열정을 가진 일꾼

"약한 자들에게 내가 약한 자와 같이 된 것은 약한 자들을 얻고자 함이요 내가 여러 사람에게 여러 모습이 된 것은 아무쪼록 몇 사람이라도 구원하고자 함이니"고전 9:22.

사람들은 바울이 여러 사람에게 다양한 모습을 나타냄으로써 놀라울 정도의 넓은 마음과 교양과 관용과 친절과 인내를 보여주었다고 말한다. 하지만 실상 그는 그런 사람이 아니다. 그는 "내가 여러 사람에게 여러 모습이 된 것은" 오직 한 가지 목적, 즉 "아무쪼록 몇 사람이라도 구원하고자 함이라"고 말했다. 그는 "내가 얼마나 멋진 사람인지를 보여주기 위해서 여러 사람에게 여러 모습이 되었다"고 말하지 않았다. 그는 어떤 상황에서도 자신을 생각하지 않았다.

영혼을 향한 열정의 동기를 살피라

'영혼을 향한 열정'이라는 말은 위험한 표현이다. 영혼을 향한 열정은 신령한 생명에서 나올 수 있지만 병든 욕망에서도 나올 수 있기 때문이다. 병든 욕망에서 나온 영혼의 열정이 무엇인지 그 예를 보여주겠다.

> "화 있을진저 외식하는 서기관들과 바리새인들이여 너희는 교인 한 사람을 얻기 위하여 바다와 육지를 두루 다니다가 생기면 너희보다 배나 더 지옥 자식이 되게 하는도다"마 23:15.

'교인'개종자은 회심자를 나타내는 전문 용어이다. 주님은 바리새인들이 영혼들을 향한 강렬한 열정을 가지고 있음을 보여주면서, 그들의 열정이 마귀적이라고 인을 치셨다. 사도행전 13장에서는 주목할 만한 사건이 발생하는데, 개종자들이 예수 그리스도께서 말씀하신 대로 '배나 더 지옥 자식'이 되어 훨씬 더 미신적이고 광신적이 된 사건이다. 사도들을 박해한 사람들로 암시된 경건한 귀부인들은 개종자들이었다행 13:43-50. 당신은 요한계시록 13장 11-17절에서도 병든 욕망으로부터 나온 영혼에 대한 열정을 볼 수 있다. 내가 말하려는 것은 땅에서 올라오는 짐승이다. 이 짐승은 사람들의 영혼을 취하여 하나의 집단을 이루는 데 자기 능력의 절정을 나타냈다.

당신이 가진 영혼을 향한 열정은 신령한 생명으로부터 나온 것인가? 야고보서 5장 19-20절을 읽어보라.

> "내 형제들아 너희 중 미혹되어 진리를 떠난 자를 누가 돌아서게 하면 너희가 알 것은 죄인을 미혹된 길에서 돌아서게 하는 자가 그의 영혼을 사망에서 구원할 것이며 허다한 죄를 덮을 것임이라."

야고보 사도는 그리스도인들에게 말하고 있다. "내 형제들아 너희 중 미혹되어 진리를 떠난 자를 누가 …."

또한 주님께서 제자들에게 말씀하실 때 영혼에 대한 열정을 가리키는 인상적인 표현들을 사용하셨다. 주께서는 마태복음 4장 18-22절에서 제자들을 '사람을 낚는 어부'로 만드실 것을 말씀하셨고, 요한복음 21장 15-17절에서는 영혼을 향한 바른 열정을 잘 보여주는 "내 양을 치라"는 표현을 사용하신다. 부활 후에는 "그러므로 너희는 가서 모든 민족을 제자로 삼아"마 28:19라고 말씀하셨다. 나는 이 세 구절을 취하여 하나님의 일꾼이 영혼을 향한 강한 열정을 가지는 안내지침으로 삼고자 한다.

요한복음 21장에는 애수를 자아내는 내용이 있다. 모든 제자들이 목자 되신 주님을 버렸다. 그런데 주님은 부활하신 후에 그들을 찾아오셔서 "이제 너희들은 다시는 양떼를 버리지 말라. 너희는 '찢겨진 빵과 부어진 포도주'가 되어 양을 먹이라"고 말씀하신다. 나는 하나님께서 우리에게 영혼을 향한 열정이 무엇인지 깨닫게 하시기를 기도드린다. 영혼을 향한 열정이란 차분하게 과학적인 논리대로 처리되는 것이 아니다. 그것은 삶의 처음부터 끝까지 밤낮으로 우리의 마음과 머리와 몸의 모든 에너지를 한가지로 집중시켜 소모시키는, 태우고 달구는 살아 있는 열정이다. 주님의 삶의 특징은 열정이었고, 오순절 이후 제자들과 바울의 삶의 특징도 열정이었다.

사람을 낚는 어부

첫째로 '사람을 낚는 어부'부터 살펴보자. 비유적인 이 표현에는 몇 가지 중요한 내용이 있다. 초기 제자들은 어부였다. 성령은 이들의 세상 직업이 마치 그들의 신성한 소명을 비유하는 것처럼 지적하시는 듯하다. 다윗은 목동이었는데, 나중에 이스라엘의 목자가 되었다. 바울의 직업은 천막 짓는 일이었는데, 그는 하나님의 부르심을 받아 사람들의 몸으로 성령의 전을 짓는 일을 하게 되었다.

당신들 가운데 밤새 바다 낚시를 해본 경험이 있는가? 나는 그런 경험이 있다. 동트기 전 새벽 3시나 4시 즈음이 되면 온도가 놀랄 만큼 차가워지면서 만사가 귀찮아진다. 그때 즈음이면 과연 당신이 물고기를 잡는 일에 신경 쓰고 있는지 알 수 없게 된다. 하나님을 위해 일하는 과정에도 '차가운 밤들'이 많이 있다.

당신은 예수 그리스도를 향해 인격적이고 열정적인 헌신이 타오르게 되는 하나님과의 관계를 알고 있는가? 그러한 열정이 강할 때만이 하나님을 위한 영혼들을 낚기 위해 매일 차가운 밤에도 굳건하게 서서 그 영혼들을 바라보며 기다릴 수 있다. 기드온의 군사들을 보면, 많은 사람들이 포기하고 떠나 결국 소수가 남았다. 마찬가지로 대부분의 일꾼들도 기다림의 차가운 밤들, 기도와 설교의 차가운 밤들을 지나면서 포기하고 떠난다. 이것이 시험이다.

낚시 비유, 특히 그물로 고기를 잡는 비유는 얼마나 놀라운가? 예수 그리스도는 제자들에게 그들을 '사람을 낚는 어부'로 만들겠다고 말씀하셨다. 우리 안에 예수 그리스도를 사랑함으로써 발생된 영혼을 향한 신령한 열정이 없다면, 우리는 늙기 전에 그 일을 그만두게 될 것이다. 지금은 고기를 잡겠다는 열정만 있으면 어부 되기는 쉽다. 그래서 누구나 어부가 되고자 한다. 마치 부흥의 현상들이 널리 나타날 때는 모든 사람이 소리를 치며 "할렐루야"라고 외치듯이 말이다.

그러나 하나님이 원하시는 어부는 고기를 잡기 위해 긴 밤들을 지나면서 그물을 내리는 영적 수고의 어려운 나날들을 거친 사람들이다. 오, 영혼을 향한 열정에 필요한 것은 기술과 인내와 친절과 견딤이로다! 사람이 멸망하는 것을 불쌍하게 느끼는 감정만으로 이 일을 할 수 없다. 오직 한 가지 때문에 이 일을 할 수 있는데, 바로 주 예수 그리스도를 향해 모든 것을 다 태우고 싶은 타오르는 열정적 헌신이다. 그러면 아무리 긴 밤도, 어려운 일이나 사람도 문제가 되지 않고 사랑으로 이 모든 것을 능가하게 된다.

모라비안 선교사들은 이사야 53장을 선교의 기반으로 삼았다. 나는 하나님께서 우리에게 영혼을 향한 열정은 이사야 53장으로부터 흘러넘친다는 사실을 보게 하시기를 기도한다. 모라비안 선교사들은 모든 이방인, 죄로 물든 사람들의 얼굴 뒤에서 하나님의 아들의 얼굴을 보았다. 그들은 깨어진 질그릇 조각 뒤에 계신 예수 그리스도를 보았다. 그들은 인류의 타락으로 인해 죄에 억압받는 모든 군중 뒤에서 갈보리를 보았다. 이것이 그들이 가진 열정의 동기였다. 하나님께서 우리로 하여금 그 열정을 되찾게 하시기를 기도한다. 그 열정은 영혼들을 향한 깊고 참된 복음적인 특색을 지닌 열정으로써, 하나님의 일꾼을 타오르게 하는 열정이다. 이 열정은 그들로 하여금 지혜와 인내를 겸비한 유능한 '사람 낚는 어부들'로 만드는 열정이다.

영혼을 낚는 기술은
직접 체험해야 터득할 수 있다

물고기 잡는 방법을 말하는 사람들을 주의하라! 나는 책을 통해 물고기 잡는 비결을 배우려는 많은 사람들을 안다. 그러나 그들은 결코 배우지 못한다. 물고기 잡는 방법을 알려면 직접 물고기를 잡아야 한다. 내가 매우 잘 아는, 연로한 선장 한 분은 평생 어부였는데, 그가 고기 잡는 법을 책으로 출판한 어떤 사람을 만났던 이야기를 내게 해주었다. 그 선장은 그를 데리고 배로 나갔다고 한다. 그들은 배에서 4시간 동안 함께 있었다. 그러나 그는 배 위로 그물 한 조각도 들어올릴 힘이 없었고 멀미가 심했다. 그런 사람이 물고기 잡는 법을 가르친 강사였던 것이다!

사람 낚는 법을 말하는 책들을 주의하라. 그 대신 갈보리로 가서 주 예수 그리스도의 무한한 희생의 의미를 이해할 때까지 전능하신 하나님께 자신을 드리라. 그 후 사람을 낚으러 밖으로 나아가라. 하나님께서 우리에게 고기 잡는 법을 가르치는 강사로부터 멀어지게 하시고 그 대신에 고기 잡는 일에 뛰어들게 하시기를 바란다!

하워드 후커 부인매리 후커, 1881-1965: 기도 동맹의 창설자인 리더 해리스의 장녀로 오스왈드 챔버스 부부와 매우 가까운 사이였다 - 역주은 어느 날 강연에서, 예수 그리스도께서 제자들을 부르실 때 그들은 그물을 고치고 있었다는 점을 지적하면서 이런 말을 했다.

"대부분의 그리스도인들은 언제나 그들의 그물을 씻고 고칩니다. 그러나 예수 그리스도께서 오시면 주님은 그들에게 배를 띄워 그물을 내리라고 말씀하십니다. 고기를 잡는 것은 이 방법 밖에 없습니다."

나는 하나님께서 우리에게 "내가 너희를 사람 낚는 어부가 되게 하리라"는 말씀의 적합성을 보게 하시기를 기도드린다. 썰렁한 주일학교를 맡아 매주일이면 납덩이 같은 마음으로 집에 돌아와 하나님께 "오 하나님, 기도하고 간구하고 소망했지만 왜 저는 이들 중 한 영혼도 주를 위해 붙들지 못합니까?"라고 울며 기도하는 주일학교 교사가 있는가? 당신이 이러한 경우에 해당한다면, 하나님께서 당신을 갈보리로 계속 돌아가게 하셔서 성령께서 당신에게 주 예수 그리스도의 놀랍고 뜨거운 사랑을 설명해 주시기를 기도드린다.

당신은 초기 제자들에게 있던 주요 특징을 주목한 적이 있는가? 그 특징은 모든 제자들의 선택은 주님께 있었지 그들에게 있지 않았다는 사실이다. "너희가 나를 택한 것이 아니요 내가 너희를 택하여 세웠나니"요 15:16. 예수님께서는 "저는 당신의 제자가 되기를 원합니다"라고 와서 말하는 사람들을 거절하셨다. 예수 그리스도는 친히 원하는 제자를 택하셨다.

나는 주께서 우리 모두를 택하시기를 바란다. 또한 주께서 우리가 주님을 섬길 때 어떻게 인내할 수 있고 능력과 열정을 가질 수 있는지를 가르치실 때, 우리가 인내와 연단으로 그 교훈들을 배우게 되기를 바란다! 결코 낙심하지 말고 실망하지 말라. 큰 물고기를 잡았다고 절대 흥분하지 말라. 많은 일꾼들이 하나님을 위해 큰 부흥을 일으킨 후 지나친 흥분 때문에 하나님께 쓸모없는 사람이 되기도 한다. 예수님께서 말씀하셨다.

> "그러나 귀신들이 너희에게 항복하는 것으로 기뻐하지 말고 너희 이름이 하늘에 기록된 것으로 기뻐하라"눅 10:20.

영혼을 향한 열정의 원천은 주 예수 그리스도께 대한 인격적이고 열정적인 헌신이다. 하나님께서 우리로 하여금 이 사실을 이해할 수 있도록 하시기를 기도드린다.

내 양을 치라

그 다음은 양떼를 치는 일이다. 요한복음 21장을 읽으라. 모든 제자들이 예수님을 버렸다. 그 밤은 너무 춥고 어두웠으며 제자들의 슬픔은 너무 컸다. 그들은 모두 예수님을 버리고 도망쳤다! 그때 예수님께서 다락방에 있는 제자들에게 오셔서 주의 성령을 부어주셨다. 이제 주께서 그들에게 사명을 주신다. "내 양을 먹이라." "내 양을 치라." "내 양을 먹이라."

고기잡이나 양치는 일은 둘 다 직접 해보기 전에는 낭만적으로 들린다. 나는 청소년 시절에 여러 좋은 일들을 많이 경험했는데, 그 당시는 그 일들을 좋아하지 않았지만 지금은 그 경험들을 감사한다. 나는 스코틀랜드 고원 지방에서 양을 쳐야 했다. 만일 당신이 어깨에 더러운 늙은 수양을 메고 산중턱을 내려와 본다면, 당신은 양을 치는 일이 낭만적인지 아닌지 곧 알게 될 것이다. 그 일은 매우 귀찮고 진을 빼는 짜증스러운 일이다. 예수님은 이 비유를 사용하시면서 영혼을 향한 열정을 설명하셨다. 양 치는 일은 그 방법을 매우 잘 안다고 해서 해낼 수 있는 것이 아니다. 오직 열정만이 그 일을 해낼 수 있다.

내가 아는 멋진 사람 중에 목양업자가 있다. 한번은 그가 자기 조카를 목양업자로 훈련시키고 있다고 내게 말했다. (그 조카는 지금 캐나다의 목회자이다.)

"목양업이란 배워서 되는 것이 아니랍니다. 타고나야 할 수 있는 것이거든요. 내 조카는 타고났지요."

양을 치는 것은 타고나는 것이지 가르쳐서 되는 것이 아니라는 말은 오랫동안 전해져오는 가장 중요한 이론이다.

예수 그리스도도 바로 동일한 이 진리를 제자들에게 강조하셨다. 예수님께서 누구에게 "내 양을 먹이라"고 말씀하셨는가? 베드로에게 하셨다. 베드로는 어떤 사람이었는가? 바로 고집 센 양이었다. 베드로는 예수 그리스도를 버렸을 뿐 아니라 맹세와 저주로 주님을 모른다고 부인했다. 이제 베드로는 성령을 받았고 예수 그리스도께 개인적이고 열정적인 헌신을 하였다. 당신은 누구나 베드로처럼 그렇게 새로 회심한 양들에게 인내할 수 있다고 생각하는가? 누가 "너희 중에 있는 하나님의 양 무리를 치되 억지로 하지 말고 하나님의 뜻을 따라 자원함으로 하며 더러운 이득을 위하여 하지 말고 기꺼이 하며 맡은 자들에게 주장하는 자세를 하지 말고 양 무리의 본이 되라"벧전 5:2-3는 글을 썼는가? 베드로이다. 베드로는 놀랍게도 주의 모든 양들을 향해 어떻게 오래 참고 다정해야 하며 감사로 깨어 있어야 하는지, 자신의 경험을 통해 배웠다.

영혼을 먹이는 비결은 하나님의 일꾼이
주의 손 안에서 빵과 포도주가 되는 것이다

예수님께서 "내 양을 먹이라"고 말씀하실 때, 주님은 베드로에게 양들을 먹일 음식을 주지 않으셨다. 이 점은 대단히 중요하다. 목자 되시는 주님과 바른 관계에 있지 않을 경우, 당신은 하나님의 양떼를 먹일 수 없다. 하나님께서 당신을 찢겨진 빵과 부어진 포도주로 사용하시도록 허락할 의향이 없다면, 당신은 구원 받지 못한 사람들에게 하나님의 진리를 대변할 수는 있어도 당신 가운데 있는 하나님의 양떼를 먹일 수는 없다.

많은 연단을 받은 하나님의 일꾼들이여! 당신은 하나님께서 어떤 연단을 지나게 하시는지 이해하지 못한다. 아마도 이 연단은 주께서 마련하신 것으로써 당신에게 어떻게 주의 양을 먹여야 하는지, 하나님의 양떼를 어떻게 돌봐야 하는지를 가르치기 위한 과정일 것이다.

주일학교 교사들이여! 아마도 예수 그리스도께서는 지금 당신에게 어떻게 주께서 당신을 '찢겨진 빵과 부어진 포도주'로 만드시는지를 가르치시는 듯하다. 그리스도의 일꾼들이여! 하나님께서 목자에 대해 무엇을 말씀하시는지, '삯꾼' 목자에 대해서는 뭐라고 말씀하시는지, 시간을 내어 성경을 읽고 확인해보라.

양을 먹이고 돌보는 일은 어렵고 고된 일이다. 양을 향한 사랑만으로는 이 일을 할 수 없다. 그 일을 하기 위해서는 당신에게 위대한 목자이신 주 예수 그리스도를 향한 타오르는 사랑이 있어야 한다. 이것이 내가 가장 깊게 전하고 싶은 당부이다. 사람이 사람을 향해 가지는 사랑으로는 그 긴장을 결코 견뎌낼 수 없다. 주 예수 그리스도를 위해 사람을 낚기 위해서는 당신은 다른 어떤 것보다 예수 그리스도를 절대적으로 사랑해야 한다. 주를 위해 모든 것을 다 태우려는 사랑의 열정이 있어야 한다. 그러면 주께서 사랑과 갈망의 열정 안에 있는 당신을 통해 사람들을 그분께로 이끄실 것이다.

모든 민족을 제자로 삼으라

마지막으로, "모든 민족을 제자로 삼으라"마 28:19는 구절을 살펴보자. 베드로는 "양 무리의 본이 되라"고 말한다. 이 말은 무엇을 의미하는가? 사람들이 알든 모르든 당신의 삶의 모든 순간마다 당신이 설교한 그대로 말하고 행하고 살아가는 본이 되라는 뜻이다. 참으로 하나님께서 만들고자 하시는 본이 될 때까지, 하나님의 철저한 점검을 견뎌내라. 그 후 "모든 민족을 제자로 삼으라."

이제 우리는 그리스도인이 해야 할 가장 위대하고 숭고하며 보편적이고 영적인 대사명에 이르게 되었다. 하나님은 개인이나 인종을 전혀 차별하지 않으신다. 어느 곳에서든지 하나님께서 당신의 보금자리를 흔들어 당신을 끄집어내시면, 모든 민족을 제자로 삼으라. 사람들이 하나님 나라에 들어가도록 거듭날 때마다 그리스도의 교회는 당연히 말할 수 없이 기뻐한다. 그러나 그 후에는 무엇을 하는가? 하나님께서 주권적 은혜에 의해 주님의 나라에 들어온 영혼을 당신에게 데려오면 당신은 무엇을 해야 하는가? 당신의 관점을 따르는 개종자를 만들려고 하지 말라. 오직 그들을 주님의 제자로 만들어야 한다. 그들을 제자로 만들 수 있는 유일한 방법은, 예수 그리스도께서 당신에게 하라고 명령하신 것과 당신이 해온 것을 그들에게 가르치는 것이다.

사도 바울의 증거를 주목하라.

> "그가 너희로 하여금 그리스도 예수 안에서 나의 행사 곧 내가 각처 각 교회에서 가르치는 것을 생각나게 하리라"고전 4:17.

사도 바울은 교인들에게 얼마나 자주 "너희는 나의 기쁨이요 면류관이라"는 말을 했는지 모른다. 주일학교 교사들이여, 당신은 학생들에게 "하나님께서 내 안에서 주의 은혜를 나타내셨단다. 만일 네가 똑같은 자리에 도달하면 주께서 네 안에 그 은혜를 나타내실 거야"라고 말할 수 있는가? 아니면 당신은 "내가 말한 대로 행하라. 그러나 내가 행하는 대로 따라하지는 마"라고 말해야만 하는가? 우리가 모든 민족을 제자로 삼으려면 자신부터 다른 사람에게 원하는 사람이 되어 있어야 한다. 비길 데 없는 사도 바울의 삶, 즉 외부의 군중이 아니라 교인들을 향해 타오르는 뜨거운 열정과 고뇌를 다시 살펴보

라. 제자를 만드는 일은 성숙한 사도의 삶의 특징이다.

> "나의 자녀들아 너희 속에 그리스도의 형상을 이루기까지 다시 너희를 위하여 해산하는 수고를 하노니"갈 4:19.

주일학교 교사, 그리스도의 일꾼, 그리고 목회자들이여! 당신은 당신이 인도하는 그들보다 훨씬 더 높은 단계에 서야 한다. 언제나 계속 올라가야 한다.

하나님의 생명으로 게으름을 치료하라

이제 하나님께서 다양한 일꾼들을 훈련시키시는 의미를 살펴보자. 하나님은 어떤 일꾼은 제거하시고 어떤 일꾼은 다른 일꾼들의 머리 위에 두신다. 스스로 정체되지 않도록 주의하라! 우리 모두 끊임없이 하나님과 함께하며 위로 오르기를 바란다. 그래서 우리가 만나는 모든 사람들을 제자로 만들 수 있기를 바란다.

초신자가 당신에게 "하나님께서 죄의 성향으로부터 나를 구원할 수 있으신가요?"라고 물을 때, 당신은 무엇이라고 대답할 것인가? 만일 당신이 "감사하게도, 하나님께서는 당신을 구원할 수 있으십니다"라고 말할 수 없다면 조심하라! 하나님은 선생 및 일꾼으로서의 당신의 촛대를 옮기실지도 모른다. 사도 바울은 그 멋진 고린도전서

9장을 어떻게 마무리하는가?

> "내가 남에게 전파한 후에 자신이 도리어 버림을 당할까 두려워함이로다"고전 9:27.

즉, 바울은 하나님께 버림 받는 은그릇이 될까 두려워했다. 나는 어떤 그리스도의 일꾼도 하나님과 동행하기를 거절함으로써 하나님께 쓰임 받는 천국의 자리에서 떨어지지 않기를 바란다!

그리스도의 일꾼들이여! 만일 당신의 영적 생활이 차가워졌다면, 몇 주 전 또는 몇 달 전에 어떤 질문을 받았지만 마땅히 대답할 말을 하지 못하였을 것이다. 그런 적이 있는가? 그 질문은 하나님께서 사람의 몸과 영혼을 위해 무엇을 하실 수 있는지에 대한 실제적이고 예리한 질문이었는데, 당신은 대답할 수 없었다. 왜 그러한가? 그 이유는 삶의 부수적인 문제가 분명하게 해결되지 않았기 때문이다. 그 문제를 정확하게 해결하기 전까지는 당신은 하나님께 버려진 은그릇으로 남게 된다.

당신은 다른 사람들에게 설교를 했는가? 그렇다. 하나님께서는 당신의 설교에 축복하셨다. 그러나 당신이 당신의 삶의 부수적인 문제를 무시하는 순간부터 하나님은 일꾼인 당신을 떠나실 것이다. 나는 당신이 다시 돌아섬으로써 주께로 나아가는 모든 대로가 당신 앞에 훤히 열리기를 기도드린다. 마음과 머리와 몸과 영혼의 대로가 앞

뒤로, 위아래로, 모든 방향에서 하나님을 향해 분명하게 열리기를 바란다! 그 후 어떤 문제든, 머리를 아프게 하는 문제든, 과거의 문제든, 또한 깊은 마음속에서 나오는 다음과 같은 여러 의심들이 전부 해결되기 바란다.

"하나님께서 벌레 먹은 그 기간들을 회복시키실 수 있는가?"

"하나님께서 사람의 오랜 마음을 바꾸실 수 있는가?"

"하나님께서 사람의 게으름을 무너뜨리실 수 있는가?"

한번은 나이 드신 목회자와 함께 그리스도의 일꾼에 대해 이런저런 대화를 나누었다. 그는 "기독교 사역의 모든 분야에서 가장 큰 문제는 게으름입니다"라고 말했다. 게으름을 치료하려면, 하나님께서 당신의 몸의 마지막 세포까지, 당신의 피의 마지막 한 방울까지 하나님의 영광을 위해 사용하실 수 있도록 당신이 하나님의 생명으로 충만해지는 수밖에 없다. 예수 그리스도 때문에, 당신의 마음속에 영혼을 향한 열정이 과거 어느 때보다 더 뜨겁게 타오르기를 기도드린다.

영혼에 대한 열정에 대해 한 가지 더 명심하자. 하나님께서는 당신으로 하여금 많은 시련의 맷돌들을 지나게 하실 것이다. 그 시련들은 당신이 의도한 것도 아니고 당신 개인을 위한 것도 아니다. 그것들은 하나님께서 그분의 자녀들을 먹이시기 위해 당신을 좋은 빵으로 만드시기 위함이다.

그리스도의 일꾼들이여? 이제 당신은 당신이 처한 어려운 상황을 이해하겠는가! 하나님은 당신이라는 빵이 하나님의 '기준'에 맞는 빵이 될 때까지 잘 구워지기를 원하신다. 그 후 하나님은 양떼 중 연약한 자들을 먹이시기 위해 당신이라는 빵을 떼실 것이다. 무엇이 사도 바울의 삶 가운데서 타오르는 열정이 되었는가? 주 예수 그리스도를 향한 헌신이었다.

> "나의 형제 곧 골육의 친척을 위하여 내 자신이 저주를 받아 그리스도에게서 끊어질지라도 원하는 바로라"롬 9:3.
>
> "내가 너희 영혼을 위하여 크게 기뻐하므로 재물을 사용하고 또 내 자신까지도 내어주리니"고후 12:15.

그리스도의 일꾼들이여! 당신은 이러한 타오르는 열정에 몰입되어 있는가? 만약 점점 차가워지고 있다면, 주 예수 그리스도의 십자가로 나아가 성령께 열정의 의미를 깨닫고 새롭게 이해할 수 있도록 해달라고 간구하라. 그리고 전진하라.

이득이 아니라 손실로, 마신 포도주가 아니라 부어진 포도주로 당신의 인생을 측정하라.

9장

하나님께 인정받는 일꾼

"너는 진리의 말씀을 옳게 분별하며 부끄러울 것이 없는 일꾼으로 인정된 자로 자신을 하나님 앞에 드리기를 힘쓰라"딤후 2:15.

우리는 지금까지 영혼 치유를 위한 일꾼에 대해 살펴보았다. 그러나 이 장에서는 치유보다 나은 예방을 다루려고 한다. 어떻게 하면 사람들이 하나님께 인정받는 일꾼이 될 수 있을까? 디모데전서 4장 16절을 읽으라. "네가 네 자신과 가르침을 살펴 이 일을 계속하라." 다른 것은 다 잊어버리더라도 이 구절만은 잊지 말라. '살피다'라는 단어는 사도행전 3장 5절과 20장 28절에도 나온다. 이 단어의 뜻은 '집중하다, 마음을 죄고 고정하다, 제한하다, 고삐를 매다, 한정시키다, 마음을 자신과 자신의 가르침에 못박다'라는 의미이다. 이 단어는 강하고 힘이 있으며 마음을 휘어잡고 도전을 준다. 만일 하나님께 인정받는 일꾼이 되려고 한다면, 우리는 이 단어의 의미처럼 살필 줄 알아야 한다.

나는 무엇보다 당신이 디모데후서 2장 15절에 나온 수신자와 발신자에 주목하기를 바란다. 그 내용은 사도 바울이 디모데에게 하는 말이나 편지 혹은 메시지이다. 바울의 방법은 견습제로, 이는 언제나 하나님께서 일꾼들을 훈련시키는 방법이다.

옛날의 예술가들에게는 견습공이 있었다. 그들은 물감을 섞는 일을 아이에게 맡기곤 했다. 그 아이는 이 일을 하면서 중간중간 화가가 그림을 그리는 것을 보게 된다. 그 아이는 어려운 일들을 하면서 스승이 작업하는 것을 보게 되는데, 어느새 서서히 '살피는' 법을 배운다. 이것이 바울의 방법이었다. 디모데에게는 좋은 어머니와 경건한 할머니가 있었다, 그는 영적으로 견습의 형태로 훈련을 받았다. 만약 당신이 영혼을 치유하는 일꾼이 되려고 한다면, 하나님은 당신을 참된 스승들과 선생들의 수하로 보내실 것이다. 이것은 하나님이 늘 사용하시는 방법이다. 하나님은 훈련되지 않는 사람을 쓰지 않으신다. 하나님께서 견습제도 아래 두신 모든 일꾼으로 인해 그분께 감사드린다.

하나님의 말씀을 성령의 의도대로 바르게 전달하라

"네 자신을 살펴." 이것은 자기 실현이 아니라 자기 준비이다. 자기 준비에 대해 주목할 첫째 사항은 디모데전서 4장 13절에 있다. "내가 이를 때까지 읽는 것과 권하는 것과 가르치는 것에 전념하라." "읽는 것에 전념하라." 여기서 "읽는다"는 단어는 단순한 독서를 의미하지 않는다. 책을 펴고 눈으로 보는 정도를 의미하지 않는다. 이것은 스코틀랜드 사람들이 강해식 설교라고 이해하는 것을 의미한다.

"디모데야, 이런 종류의 강론을 듣고 이런 종류의 원고를 읽으라. 입을 열 때는 그 본을 따라 말하라."

그러면 강해식 설교란 무엇인가? 그것은 성경 본문을 문맥 가운데 취하여 마땅히 적용해야 할 곳에 적용하는 것을 의미한다. 나는 얼마나 많은 일꾼들이 강해식으로 성경을 읽으려고 주의하는지 궁금하다. 당신은 어떤 종류의 설교자에게 귀를 기울이는가? 어떤 종류의 책을 읽고 싶어하는가? 어떤 종류의 교훈을 기쁘게 듣는가? 바울은 디모데에게 무엇보다 이 중요한 일에 유의하라고 말한다. "읽는 것에 전념하라"는 부분을 더욱 구체화하기 위해 느헤미야 8장 4-5절을 읽어보자.

> "그때에 학사 에스라가 특별히 지은 나무 강단에 서고 … 에스라가 모든 백성 위에 서서 그들 목전에 책을 펴니 책을 펼 때에 모든 백성이 일어서니라."

이것이 하나님이 정하신 말씀을 해설하는 방법이다. 따라서 바울이 디모데에게 한 말은 마치 "네가 읽을 때에, 네가 들을 때에, 네가 가르칠 때에 하나님께서 언제나 귀히 여기셨던 방법을 기억하라. 즉, 공식 설교가로서 나무 강단에 올라서라"고 한 것이다. 공식 일꾼에는 두 종류가 있다. 한 종류는 버림 받을 가능성이 있는 일꾼으로서, 바울도 이 점을 두려워했다. "내가 내 몸을 쳐 복종하게 함은 내가 남에게 전파한 후에 자신이 도리어 버림을 당할까 두려워함이로다"고전 9:27. 다른 종류는 자기가 가르친 교훈에 본이 되는 일꾼이다.

그러나 여기서 주목해야 할 점은 하나님의 말씀을 설명하는 사람은 그의 모든 활동이 모든 사람들에게 보여야 한다는 사실이다. 만일 설교자가 원고를 작성했으면 사람들로 하여금 작성한 설교를 보게 하고, 그가 성경을 읽으면 성경 읽는 모습을 보게 해야 한다. 설교자가 남의 설교를 읽는다면 그는 지금 남의 설교를 읽고 있다고 정직하게 말해야 한다. 이러한 일들은 사소한 일들이 아니라 대단히 중요한 일들이다. '읽는 것'이라는 단어는 이 모든 것을 다 포함한다. "디모데야, 이런 종류의 설교자를 찾아서 그의 설교를 들으라."

생명을 다하듯 온 정성을 다해 말씀을 준비하라

하나님의 일꾼들이여, 나는 이 말을 당신뿐 아니라 나 자신에게도 하고 있다. 설교자의 설교를 들을 때나 책을 읽을 때 무엇에 마음을 집중하는가? 예수 그리스도는 "마음을 다하여 주 너희 하나님을 사랑하라"는 말씀으로 멈추지 않으시고 "목숨을 다하고 뜻을 다하고 힘을 다하여 주 너희 하나님을 사랑하라"는 말씀을 더하셨다막 12:30. 오, 지면이 더 허락된다면 당신에게 내가 아는 몇몇 사람의 이야기를 더 해줌으로써 당신의 열정을 뜨겁게 만들 수 있을 텐데…. 그들은 삶의 세속적인 직업 분야에서 지독한 공부벌레가 되어 무식과 모욕의 도랑에서 자신들을 끄집어낸 사람들이다. 우리도 그와 같은 집념으로 하나님의 일을 해야 하지 않을까! 스코틀랜드에서 알고 지냈던 많은 청년들이 세속적인 직업 분야에서 학위를 취득하기 위해 밤낮으로 수고한다. 우리가 그들보다 뒤쳐져야 하겠는가? 사도 바울이 "살펴라", 즉 "집중하라, 마음을 죄라, 마음을 고정하라"고 한 말은 이러한 문맥에서 사용되었다. 읽는 일에 주의하고, 자신을 준비하는 일에 신경 쓰라는 의미이다.

우리가 내적으로 잘 준비되어 하나님께 인정받게 되기를 바란다. 바울은 대화 문제를 언급하면서 "오직 덕을 세우는 데 소용되는 대로 선한 말을 하라"엡 4:29고 말한다. 즉, 경건한 체하는 말이 아니라 사람들을 하나님의 말씀 안에서 더욱 강하게 만드는, 참으로 강한 재질, 든든히 세우는 재질의 말을 하라는 뜻이다.

말다툼이나 논쟁에 빠지지 말라

바울은 디모데에게 또 다른 것을 이야기한다.

> "너는 그들로 이 일을 기억하게 하여 말다툼을 하지 말라고 하나님 앞에서 엄히 명하라 이는 유익이 하나도 없고 도리어 듣는 자들을 망하게 함이라 … 망령되고 헛된 말을 버리라 그들은 경건하지 아니함에 점점 나아가나니 그들의 말은 악성 종양이 퍼져나감과 같은데 그중에 후메내오와 빌레도가 있느니라 … 어리석고 무식한 변론을 버리라 이에서 다툼이 나는 줄 앎이라"딤후 2:14,16-17,23.

"말다툼을 하지 말라! 어떤 희생을 치르더라도 논쟁에 말려들지 말라." 바울은 디모데에게 어떻게 해서든 논쟁에 말려들지 말라고 말했다. 바울 자신은 최고의 논쟁가였다. 바울은 대부분의 세월을 논쟁하며 보냈다. 그런데 지금은 디모데에게 말다툼을 하지 말라고 말한다. 당신은 바울의 논쟁 방법을 읽은 적이 있는가? 바울은 대단한 예절과 놀라운 통찰력, 친절함 가운데 상대방의 입장에 자신을 두고 논쟁한다. 바울이 디모데와 나, 그리고 당신에게 논쟁을 하지 말라고 한 이유는, 우리는 우리의 관점에서 논쟁하려고 하기 때문이다. 우리는 진리를 위해 논쟁하기보다 우리가 옳다는 것을 증명하기 위해 논쟁할 때가 많다. 우리가 논쟁할 때 주님과의 관계가 끊어지지 않기를 바란다. 믿음을 위해 싸우다가 하나님을 왜곡하고 배제하는 일꾼이 얼마나 많은지! 나는 당신에게 내 성경 안에 적어놓은 메모를 읽어주고 싶다. 알렉산더 화이트 박사(1836–1921) : 스코틀랜드 목사로, 오스왈드 챔버스가 에딘버러 대학에 있는 동안(1895–1896) 많은 영향을 끼쳤다-역주의 글이다.

> "오, 논쟁의 지독한 재앙이여! 오, 인간의 교만한 마음으로 틀린 것들과 모순된 것들을 보고 타오르는 혐오스러운 열정이여! 형제들아, 지옥에 떨어지는 문을 피하듯이 논쟁을 피하라. 그들로 하여금 제멋대로 하라고 두라. 그들로 말하게 하고 쓰게 하며 당신에게 충고하도록 두라. 그들이 너를 짓밟도록 그냥 두라. 사랑이 고통당하기보다 차라리 하나님의 진리가 고통당하게 하라. 당신 안에는 논쟁자가 될 만한 신성한 속성이 충분하지 않다."

어거스틴은 "나 자신을 항상 변호하려는 욕망을 고쳐주소서"라는 기도를 반복하였다.

주의하라. 마음을 고정시키라. 절대로 논쟁에 휘말리지 말라. 성령께서 논쟁하시도록 하라. 그리스도인이 된 이후로 내게 큰 함정 중 하나는 바로 이것이다. 나는 논쟁을 피하는 것이 무엇을 의미하는지 잘 안다. 핵심을 지적하고 논쟁하기를 원했지만 그냥 지나치는 나날들 가운데 겪게 되는 분통 터지는 굴욕과 고통을 잘 안다. 아마도 내가 당신들 중 그 누구보다, 바울이 왜 디모데에게 다음과 같은 말을 했는지 그 마음을 더 잘 알 것이다.

"디모데야, 논쟁하지 말라. 당장 멈추라. 그렇지 않으면 네 자신의 영혼을 상하게 할 것이며 하나님의 진리를 가리게 될 것이다. 또한 너와 논쟁하는 상대방의 영혼을 멍들게 할 것이다."

하나님께서 우리로 하여금 마음을 집중하고 고정시키며 이 부분에 주의하게 하시기를 바란다. 자신에게 주의하고, 어떻게 읽은 것인지 주의하며, 무엇보다 말다툼을 하지 말라.

그리스도의 일꾼들이여, 누군가 성령 세례 문제를 거론하기 시작하면 그 자리에서 나오라. 그들은 성령과 논쟁하는 것이지 당신과 논쟁하는 것이 아니다. '거룩케 됨'은 사람의 용어가 아니라 하나님의 용어이다. '성령 세례'는 사람의 개념이 아니라 하나님의 개념이다. 어떤 사람이 이런 문제들에 대해 논쟁을 시작하면, 하나님의 일꾼들이여 기억하라. 그들의 논쟁 대상은 성령이다. 그들이 입씨름하려는 대상은 하나님의 말씀이다. 조금씩이라도 빛을 향해 싸우며 나아가려는 그들을 우리가 방해하지 않게 되기를 바란다.

또한 바울은 디모데에게 "너는 말씀을 전파하라 때를 얻든지 못 얻든지 항상 힘쓰라"딤후 4:2고 말한다. 이 말씀의 문맥을 주목하라. 디모데는 신체적으로 연약하였다. 바울은 그에게 계속 몸을 잘 돌보라고 말하고 있다. 그런데 바울은 신체적으로 연약한 이 젊은이에게 때를 얻든지 못 얻든지 말씀을 전파하라고 말하고 있다. 지금 바울은 무엇을 의미하는 것인가? 단순히 말씀을 전할 모든 기회를 붙들라는 뜻인가? 아니다. 바울은 이러한 의미로 말하지 않았다. 그가 의미하는 것은 "네 자신의 상태와 상관없이 때를 얻든지 못 얻든지 말씀을 전파하라. 너의 신체적 조건이 절대로 말씀 전파를 좌지우지하게 해서는 안 된다"라는 뜻이다. 사도 바울은 게으름과 나태를 겨냥해서 말하는 것이다. 나는 우리가 때를 얻든지 못 얻든지, 밤이나 낮이나, 싫든 좋든 늘 지속하는 모습을 배우게 되기를 기도드린다.

영적 나태를 주의하고 항상 말씀을 가까이하라

성경을 자세히 읽어보면, 우리는 성경 전반에서 영적 게으름과 나태에 대한 무서운 저주를 찾아볼 수 있다. 그리스도의 일꾼들이여! 이미 정신적으로 나태한 것은 아닌가? 그렇다면 하나님께서 당신을 불러일으키셔서 차 안이나 밖, 카운터 뒤나 어디서나 성경을 읽고 연필과 메모지로 쓰는 일에 익숙하게 하시기를 바란다. 우리가 믿음으로 일어나 힘과 정력을 주의 일에 쏟아붓게 되기를 바란다. "나는 할 수 없어", "시간이 없어"라는 말을 다시는 안 하게 되기를 바란다. 물론 당신에게는 시간이 없다. 자기 이름을 나타내려는 사람치고 하나님께 드릴 시간이 충분한 사람은 없다. 따라서 다른 데서 시간을 떼어내야 한다. 그래야 그는 하나님께서 시간을 얼마나 귀히 여기시는지 깨닫게 된다. 어떻게 해서든 게으름과 나태에 빠지지 않도록 스스로 주의하라!

"네가 네 자신과 가르침을 살펴 이 일을 계속하라 이것을 행함으로 네 자신과 네게 듣는 자를 구원하리라"딤전 4:16. 이 구절은 하나님의 일꾼을 위한 헌장으로서, 일꾼이란 귀감이 되어야 한다는 뜻이다. "누구든지 네 연소함을 업신여기지 못하게 하고"딤전 4:12. 바울이 디모데에게 말하려는 것이 당당하게 서서 "나는 내가 연소하다는 것을 알지만, 내게 반박하는 사람을 허용하지 않겠다"라고 말하라는 의미가 아니다. "네 연소함이 업신여김을 받지 않도록 하기 위해 믿는 사람들에게 말과 삶의 모습, 사랑, 믿음, 순결에서 본보기가 되라"는 뜻이다. 연소함이 무시를 당하지 않는 유일한 방법은, 신앙 고백에 합당한 생활을 하는 것이다. 생활이 뒷받침되는 가르침을 하고, 대화나 삶의 모습에서 순결과 정절을 유지하며, 친밀하고 올바른 인품을 지님으로써 하나님께로부터 보냄을 받은 일뿐 아니라 하나님이 무엇을 하실 수 있는지를 보여주는 본보기가 되어야 한다. 성령과 불 세례는 주의 제자들로 하여금 그들이 가르친 교훈 그대로 그들을 만들어 놓았다. 나는 우리 자신이 가르침의 본이 되기를 기도드린다. 그래서 진리를 올바르게 분별하는, 하나님께 인정받는 일꾼이 되기를 기도한다.

10장

거룩한 일꾼

"그 나머지는 감히 그들과 상종하는 사람이 없으나 백성이 칭송하더라 믿고 주께로 나아오는 자가 더 많으니 남녀의 큰 무리더라"행 5:13-14.

나는 내가 처음 시작한 곳에서 이 글을 마치려고 한다. 나는 하나님께서 우리로 하여금 하나님을 위한 거룩한 일꾼의 능력을 이해하게 하시기를 기도드린다. 내가 '거룩한 일꾼'이라고 말할 때 그것은 스스로 거룩하려는 일꾼holiness worker을 의미하는 것이 아니다. 우리에게 필요한 사람은 거룩한 일꾼holy worker이다. 이 둘은 대단한 차이가 있다.

"그 나머지는 감히 그들과 상종하는 사람이 없으나 … 믿고 주께로 나오는 자가 더 많으니." 당신은 이 구절에서 거룩한 두려움과 제자도의 대조를 발견하는가? 이 둘은 언제나 함께 발생한다. 성령이 하나님의 일꾼에게 더해준 사람들은 하나님 앞에서 진실하게 서는 사람들이다.

"다 크게 두려워하니라"행 5:11. 외부 군중이 두려워했는가? 아니다. "온 교회와 이 일을 듣는 사람들"이 두려워했다. 그리고 이후 놀라운 일이 발생했다. 외부의 무리에게 큰 축복이 임한 것이다. "믿고 주께로 나아오는 자가 더 많으니 남녀의 큰 무리더라"행 5:14.

나는 거룩한 두려움과 제자도를 다루고자 한다. "우리는 주의 두려우심을 알므로 사람들을 권면하거니와"고후 5:11. 하나님의 일꾼인 우리는 때때로 성령께서 우리를 통해 사람들의 베일을 거두시고 그들을 공포로 몰아가시는 일을 허락할 필요가 있다. 우리는 예수 그리스도께서 우리에게 구원을 주시기 위해 극한 저주의 깊은 강을 통과하신 사실을 깨닫지 못하고, 우리가 받은 구원과 거룩하게 됨을 너무 값싸게 취급할 때가 있다. 우리는 큰 두려움이 초대 교회의 신자들에게 임한 사실을 본다. "온 교회와 이 일을 듣는 사람들이 다 크게 두려워하니라"행 5:11.

왜 두려워했는가? 그들은 우리가 깨달아야 하는 사실을 깨달았다. 바로 오순절 이후의 시대는 성령을 따라 사는 사람들이 생겼을 뿐 아니라 성령님께 거짓말하는 사람들도 생겼다. 잠시 아나니아를 살펴보자.

"베드로가 이르되 아나니아야 어찌하여 사탄이 네 마음에 가득하여 네가 성령을 속이고 땅값 얼마를 감추었느냐 … 어찌하여 이 일을 네 마음에 두었느냐"행 5:3-4.

또한 사도행전 4장의 마지막 구절들을 보자.

"바나바가 밭이 있으매 팔아 그 값을 가지고 사도들의 발 앞에 두니라"행 4:37.

아마 바나바의 이러한 행위가 아나니아에게 간접적인 영향을 준 듯하다. 즉, 바나바는 훌륭한 일을 했고 의심할 여지없이 그 일로 인해 칭송을 받았다. 아나니아도 똑같이 되기를 원했던 듯하다. 우리는 하나님의 존전에서 겸손하게 살아야 할 필요가 있다. 그래야 우리가 칭송을 받을 때 다른 사람들에게 시기심을 야기하지 않는다. 시기심은 다른 이들로 하여금 하나님을 사랑해서가 아니라 우리처럼 칭찬을 받고자 하여 뭔가를 하게 만든다. 하나님의 일꾼인 당신에게, 또한 나 자신에게 묻는다.

"우리는 왜 영혼 구원을 위해 일하는가? 왜 다른 사람을 위해 물질을 소비하고 우리 자신도 기꺼이 소비되기를 원하는가?"

"어느 집사님이 그렇게 하는데 그분이 나의 이상형입니다." 조심하라! "나는 어느 집사님을 주시했는데, 그 사람처럼 되고 싶습니다."

조심하라! 모든 일꾼에게 가장 필요한 것은 무엇보다 야망을 제거하시는 예수님을 뵙는 것이다. 하나님께서 우리로 하여금 이 사실을 알게 하시기를 바란다. 사람이 야망을 따르다 보면 어느새 미움과 증오에 빠지게 된다. 개인의 야망을 버리라. 주님은 제자들에게 야망은 하나님 나라에 있을 수 없음을 보여주셨다.

> "너희가 돌이켜 어린아이들과 같이 되지 아니하면 결단코 천국에 들어가지 못하리라"마 18:3.

우리는 예수 그리스도께 개인적으로 변함없이 드리는 헌신의 자세를 가져야 한다. 자신을 다른 사람이나 비교하여 평가하지 말라.

리더 해리스(1847-1909) : 영국의 뛰어난 변호사로, 1891년에 오순절 기도 동맹을 창설하고 친구이며 정신적인 지주로서 오스왈드 챔버스와 교류하였다-역주의 마지막 유서 중 "모방하지 말라"는 말이 있다. 그 말은 단순한 외적 모방을 의미하지 않고, 내가 지금 당신 앞에 보이려는 깊은 영적 의미를 담고 있다. 즉, 다른 사람들이 하나님을 위해 뭔가를 한다고 해서 나도 그대로 하려고 애쓰지 말라는 뜻이다. 하나님의 일을 하려는 많은 사람들의 동기가 사실 이러한 선상에 있다.

베드로는 아나니아에게 "사람에게 거짓말한 것이 아니요 하나님께로다"행 5:4라고 말했다. 그리스도의 일꾼들이여, 기도와 성경 읽기에 얼마나 많은 시간을 투자하는가? "오, 내가 드릴 수 있는 모든 시간을 다 드리고 있습니다." 이렇게 말할 때 성령님께 거짓말을 하지 않도록 주의하라. 이러한 거짓말은, 당신의 삶의 모든 구체적인 부분에서 하나님과의 바른 관계를 유지시키는 하나님의 강한 거룩을 끌어내리기 시작한다. 그러므로 다음에 "나는 시간이 없습니다" 또는 "하나님의 말씀을 연구하기 위해 가능한 모든 시간을 내겠습니다. 기도하기 위해 최대한의 시간을 내겠습니다"라고 말할 때 자신을 점검해보자. 하나님께서 우리로 하여금 성령께 거짓말하는 사람으로 드러나지 않도록, 이 부분에서 깨어 있게 하시기를 기도드린다. 이 말들이 경고와 세밀한 조언으로 우리에게 다가와 우리의 영혼이 하나님을 대면하게 되기를 바란다.

이제 거룩한 제자도를 다루어보자. "그 나머지는 감히 그들과 상종하는 사람이 없으나"행 5:13. 그리스도의 일꾼들이여, 나는 당신이 사람들에게 예수 그리스도께 자신을 드리라고 말할 때 과연 당신이 무엇을 의미하는지를 깨닫고 그렇게 말하는지 의심스럽다. 당신은 그 사람에게 무엇을 하라고 하는 것인지 제대로 알고 있는가? 자신에 대한 권리를 영원히 포기하라고 말하고 있는 것이다. 육신의 삶의 가장 깊게 숨겨진 곳까지 거룩하고 순결해야 한다고 말하는 것이다.

기독교 사역에서 변함없이 외쳐왔던 육체의 순결은 오늘날도 마찬가지이다. 순결한 육체적 삶 없이는 거룩도 있을 수 없다. 오, 복음을 선포하는 자들의 불결로 인해 하나님의 능력이 얼마나 점점 약해지고 있는지! 하나님의 손길이 자기도취에 빠진 사람들을 일깨워 깜짝 놀라게 하기를 바란다. 하나님의 말씀을 전하러 나갈 때 항상 우리의 몸은 성령의 전이라는 사실을 기억하기를 바란다. 우리가 이 사실을 깨닫고 동일한 진리를 깨달은 자들과 연합하면, 그 즉시 하나님께서는 사람들을 구원하시는 놀라운 역사를 시작하실 것이다. 그러면 우리 중 많은 사람들이 외부 무리에게 임하는 축복을 보고 그 영광에 사로잡힐 것이다. 무리는 하나님의 능력을 칭송할 것이다. 그러나 하나님과 바른 관계를 맺지 않는 자들은 감히 그들과 상종하지 못할 것이다.

당신이 하나님의 일꾼으로서 하나님 나라를 위해 마음과 뜻을 강하게 세우고 싶다면 사도행전을 읽으라. 거룩한 일꾼들의 능력은 좌우의 거짓 일꾼들을 저지하였다. 성령 운동은 언제나 거짓 일꾼들을 몰려오게 한다. 이때 그리스도의 일꾼을 위한 유일한 안전장치는 "여호와께 성결"출 28:36이다. 만일 우리가 사적으로나 공적으로 거룩한 삶을 살면서 하나님과 바른 관계를 맺고 있다면, 하나님은 우리 주변에 불 성곽을 세우신다. 세상이 보기에 멋지고 향긋한 것을 '거룩'이라고 부르지 않도록 주의하라. 하나님께서 하나님의 손길을 통해 우리로 하여금 거룩한 두려움을 느끼게 하시기를 기도드린다.

이제 마지막 요점을 정리해보자. 거룩한 제자도는 많은 무리를 주님께로 더하는 결과를 가져온다. "믿고 주께로 나아오는 자가 더 많으니 남녀의 큰 무리더라"행 5:14. 큰 무리가 주께 더해지는 것이 우리가 바라는 바가 아니던가? 어떻게 이 일이 이루어졌는가? 마음을 사로잡는 연설 때문인가? 하워드 후커 부인은 어느 날 저녁 그녀의 부친에 대해 말하면서, "아버지의 설교는 언제나 성결에 관한 내용이었어요" 하며 우리를 일깨웠다. 그러나 많은 사람들이 그의 설교를 견디지 못하고 결국 떠나고 말았다. 이런 일은 거룩한 하나님의 일꾼들에게 언제나 있어왔고 앞으로도 있을 것이다.

하나님의 거룩이 일꾼의 삶과 설교에서 나타나면(이 둘은 함께 나타난다.) 두 가지 현상이 일어난다. 즉, 많은 사람들이 감히 상종하지 못하는 현상과 함께 큰 무리가 주께 더해지는 현상이다. 결코 외부 군중에게 임하는 하나님의 축복과 은혜를 보고 그것이 전부라고 생각하지 말라. 그것은 단지 가장자리에 불과하다. 사람들이 축복을 받고 그들의 몸이 치유되며 귀신이 쫓겨난다. 그러나 이러한 현상도 핵심이 아니다. 가장 중요한 점은 믿는 무리가 주께 크게 더해지는 것이다.

하나님께서 우리로 하여금 주께 변함없이 진실하게 하시고 거룩한 삶을 살게 하시기를 바란다. 앞으로 나아가면서 예수 그리스도의 대사명을 기억하자.

> "하늘과 땅의 모든 권세를 내게 주셨으니 그러므로 너희는 가서 모든 민족을 제자로 삼으라"마 28:18-19.

이제, 하나님 앞에서 우리의 마음을 점검하고 하나님과의 언약을 다시 새롭게 하자.

역자 후기

영적인 문제를 가진 영혼들을 치유하는 길

토기장이를 통해 또 한 권의 오스왈드 챔버스 책이 번역되었다. 이 책은 하나님의 일꾼으로서 그리스도인이 구원 받지 못한 영혼들에게 어떻게 다가가야 하는지, 다양한 영적 질병에 시달리는 사람들을 어떻게 치유할 것인지를 성경적 원칙에 근거해 구체적으로 다룬다. 문제를 가진 영혼들에 대한 주제를 구체적으로 다룬 점에서, 이 책은 매우 희귀하다. 이 책은 불신자들을 포함해 영적인 문제를 가진 모든 영혼들을 성경적으로 어떻게 대해야 하는지를 알려주기 때문에, 모든 그리스도인들 곧 목사, 장로, 권사, 집사, 주일학교 교사, 기독교 상담자, 선교사, 신학교 교수, 그리고 자녀를 둔 부모, 모두에게 꼭 필요하다. 특히 성경적인 대인 관계를 유지하고 싶은 그리스도인에게, 이 책은 필독서가 될 것이다.

이 책을 번역하면서, 나 자신이 문제 있는 영혼임을 발견했다. 특히 사울왕의 어리석음이 내 안에서도 발견되면서 계속 가슴이 뜨끔한 채로 이 글을 번역해야 했다. 결국 번역하는 가운데 계속되는 내면의 방망이질로 인해 주님께 회개하였고, 십자가와 성령의 능력으로 평안을 얻을 수 있었다. 지금도 내 안에는 여전히 인간적인 어리석음이 남아 있지만, 이 책을 통해 그 어리석음을 어떻게 다루어야 할지를 배웠다. 그 비결은, 조금도 자신의 어리석음에 대해 변명하지 않고 그것을 주님께 내놓는 것이다. 나는 이 책을 읽은 그리스도인들이 내면의 문제들을 남김없이 드러내어 주 앞에 무릎 꿇고 회개하게 되리라고 믿는다.

교회 내에도 영적인 질병이 파고드는 이 시대에, 이 책은 그러한 질병을 조기에 찾아내어 차단하는 역할을 할 것이다. 영적 지도자인 목회자에게는 하늘의 지혜를 얻게 할 것이고, 대인 관계로 고립된 그리스도인에게는 자신의 문제를 보게 할 것이다. 특히 이단이나 위선의 자리에 서 있는 수많은 영혼들에게, 이 책은 분명한 경고의 음성을 들려줄 것이다. 이중적인 인격을 가진 사람들에게는, 자신의 영적 부패를 인정하고 하나님께 나아가는 기회를 줄 것이다.

모든 인간의 가장 큰 문제는 자신이 병든 것을 모르고, 나아가 병이 발견될 때 어떻게 치유해야 하는지를 모르는 데 있다. 영적으로 가장 중요한 문제는, 영혼의 내면을 돌보아야 할 하나님의 일꾼이 교회에 찾아온 영혼을 제대로 치유하지 못한다는 사실이다. 이러한 현실 가운데 한국 교회에 이 귀한 책이 번역되어 출간된다는 것은 하나님의 사랑의 섭리이고, 병든 한국 교회를 고치시고 회복시키시려는 하나님의 사랑의 역사로 본다. 아무쪼록 이 책을 읽는 사람들이 구름 떼처럼 많아져서 한국 교회에 커다란 개혁의 역사가 일어나기를 주님께 간절히 기도드린다.

스데반 황

오스왈드 챔버스 시리즈 16
오스왈드 챔버스 하나님의 일꾼

1판 1쇄 2010년 11월 5일
1판 4쇄 2015년 1월 15일
2판 5쇄 2025년 7월 25일

지은이 오스왈드 챔버스
옮긴이 스데반 황
발행인 조애신
편집 이소연
디자인 임은미
마케팅 전필영
경영지원 전두표

발행처 도서출판 토기장이
주소 서울시 마포구 동교로 71-1 2F
출판등록 1998년 5월 29일 제1998-000070호
전화 02-3143-0400
팩스 0505-300-0646
이메일 tletter77@naver.com
인스타그램 togijangi_books_

ISBN 978-89-7782-361-7

도서출판 토기장이는 생명 있는 책만 만듭니다.
"우리는 진흙이요 주는 토기장이시니 우리는 다 주의 손으로 지으신 것이니이다" (이사야 64:8)